제주 생태관광

modoo

제주 생태관광

박정환 편저 /
모두출판협동조합(이사장 이재욱) **펴냄**
초판 1쇄 발행 2020년 3월 20일
디자인 오신환 / **표지** 허정숙 작가 / **사진** 고수향 작가
ISBN 979-11-89203-17-7(03980)
ⓒ박정환, 2020
modoobooks(모두북스) 등록일 2017년 3월 28일 / **등록번호** 제 2013-3호 /
주소 서울특별시 도봉구 덕릉로 54가길 25(창동 557-85, 우 01473) /
전화 02)2237-3316 / **팩스** 02)2237-3389 /
이메일 ssbooks@chol.com

*책값은 뒤표지에 씌어 있습니다.

제주 생태관광

박정환 편저

협동조합출판사

책머리에

생태관광은 자연의 시공(時空)을 넘어 인간의 영육(靈肉)을 아우르는 일이다. 생태 환경을 여행하는 것이 생태관광이라고 한다면 여기에는 당연히 '길'이 만들어지고, 그 길 위에서 이야기가 탄생할 수밖에 없다. 그런 점에서 생태관광은 대자연의 인문학인 셈이다.

글을 쓰기 위해 메모한 글씨들을 훑어보고 있노라면 지나간 세월이 제법 길었던 것 같다. 책을 펴낸다는 것이 나에게는 일상의 현상과 사실에 대한 신뢰와 진실에 바탕을 두고 매진(邁進)해야 하는 일이기 때문에 조금은 천천히 먹어야 하는 뜨거운 국물 같다는 생각이 든다. 어쩌면 상상력의 탑을 쌓는 일상의 쾌락에 도전하는 일일 수도 있겠고, 저자의 사유에 대해 공감(共感)하는지 독자들에게 질문을 던지는 일이기도 하다. 그런 만큼 상당한 용기가 필요한 것은 당연하다.

인간은 누구나 각자 해석하고 인지하는 만큼 살아간다. 풍요의 뒷면을 들추어 보면 마음의 빈곤함이 있고, 반대로 빈곤의 뒷면에는 우리가 찾지 못한 풍요와 행복이 숨어 있기도 하다. 몸이 아프면 의사에게 가고, 정신적 영혼이 혼란스럽거나 마음의 정체성이 흔들리면 비움과 채움을 위한 여행의 시간을 가져야 한다. 마음이 너무 아프면 야성이 넘치는 원시인처럼 자연인으로 살면 된다.

생태관광은 유목민의 삶처럼 야성에 대한 유혹과 도전의 기회가 된다.

사진만 남고 목적은 잊어버리기 쉬운 일반관광 대신 정글의 법칙을 좋아하고, 위험을 무릅쓰면서 히말라야 정복에 도전하는 까닭이 무엇일까? 두려움과 위험을 삶의 에너지로 전환하려는 것이 여행의 목적이라면 생태관광은 야성과 원시의 생활에 대한 동경심을 충족시킬 수 있는 기회를 제공하며, 진정한 행복을 추구하는 인생 항로의 출발점이 될 수 있다.

생태관광을 대자연의 인문학이라고 하는 까닭은 익숙한 것과의 결별인 동시에 낯선 곳에서 아침을 맞는 새로운 경험을 제공하기 때문이다. 다른 사람이 덮던 이불을 덮고 자거나 다른 사람이 먹던 밥그릇과 숟가락으로 밥을 먹는 것은 결국 자신을 다른 사람에게 보내고, 다른 사람을 자신의 영육(靈肉) 안으로 받아들이며 소통(疏通)하는 행위라고 할 수 있다.

일상의 여행은 차, 밥, 잠으로 이루어진다. 여행에서 '맛집'에 대한 경험은 그 지역의 물과 공기, 역사와 전통을 내 영혼과 정신세계로 끌어들이려는 인간의 본능을 발견하는 행위이며, 그렇기 때문에 특별한 '맛집'은 시각으로만 경험하는 것이 아니라 미각 중심의 공감각(共感覺)으로 기억된다.

생태관광의 여정은 일상의 여행에서 한 걸음 더 나아가 마음의 서정시와 자연의 서사시를 동시에 감상하는 일이다. 생태관광의 감성에 의해 일상의 소소한 이야기가 특별한 스토리로 다시 태어나기도 한다. 자신의 과거와 현재를 바탕으로 상상력을 발휘하여 장밋빛 미래의 그림도 그려낼 수 있다. 생태관광의 여행자는 자연생태의 무한한 변화에 적응하는 능력이 있어야 한다. 여행은 음이온의 농도가 좋은 곳으로 찾아가는 일이기 때문에 건강에 좋다고 한다. 건강에 유익한 음이온의 공간은 숲, 계곡, 폭포, 해변 등, 지구상의 모든 생명이 순환되고 탄생되는 친수(親水) 공간이다.

 현업에 종사하면서 연구용으로 모아둔 삶의 스케치가 농축되어 새로운 모습으로 잉태되어 가는 과정을 통해 지난날을 되돌아보게 된다. 일기장과 현업의 노트에 담겨 있던 단편적인 기록들이 새롭게 구성되면서 저자의 능력을 능가하는 고감도 에너지로 바뀌는 데 희열을 느끼곤 한다. 독자에게 감동을 드리는 수준까지는 아니더라도 단순한 정보이거나 일반적인 기록들이 『제주도 생태관광』이라는 새로운 틀과 체계에 맞추어 자신만의 무늬로 한 권의 책이 만들어지는 것이다.
 책은 현실의 삶이라는 한계를 뛰어넘어 새로운 상상력을 키움으로써 마음의 폭과 생각의 깊이가 더해진 삶을 재발견하고, 잠재된 인간의 능력을 키워가는 에너지라고 생각한다. 생태환경의 모든 창은 자연의 숲을 만나면 공간 인문학, 사물을 만나면 곡선 인문학이 될 수 있다. 그래서 저자는 소소한 일상의 이야기를 바탕으로 감동을 줄 수 있는 감성과 영혼의 틀을 창작하는 데 목표를 두고 욕심을 부려보았다. 저자의 열렬한 바람은 단지 책을 출간하는 일뿐만 아니라 독자와의 행복한 교감이 이루어지는 일일 것이다. 그리고 끝까지 책을 읽고 고개를 끄덕거리며 지인들에게 소개하는 책이 되기를 소망해 본다.
 이 책이 생태환경과 인간이라는 주제를 바탕으로 독자들의 삶에 조금이나마 정신적 에너지를 충전하는 계기가 되었으면 한다. 저자의 이번 도전이 좌절하고 포기해 버리거나 실패에 대한 두려움에서 벗어나 항상 깨우치며 행동하는 출발점으로 삼고 싶다는 마음의 기도를 유지하고 싶다. 이것이 저자가 이 책을 펴낸 진정한 이유다.
 이 책을 저자의 새로운 학문의 시작인 동시에 항상 삶을 깨우치게 만드는 여정의 첫 걸음이자 출발점으로 삼고 싶다. 지금까지 봉사와 열정으로 용기를 가지도록 격려해주고 조건 없이 도와주신 모든 지인들의 후덕함에 감사드린다. 항상 경제적으로 버팀목이 되고 흔들일 때마다 디딤돌이 되어준 사랑하는 가족과 식구들에게도 고마움을 전한다. 젊은 시절 열정과 꿈으로 살아온 혹한여정이 부드럽고 맑게 부는 청풍(淸風)이 되고 정화수가 되어 새롭게 태어나는 계기가 되기를 바란다.

2020년 02월
박정환

차례

책머리에 | 4
제1장 생태관광의 개념과 범주 | 15
생태관광이란 무엇인가? | 16
관광의 종류 | 20
농촌관광과 노스탤지어(산업)관광 | 22
메디컬 투어리즘 | 29
레저스포츠 관광 | 32
생태관광의 사례와 범주 | 34
생태관광과 제주도 살이 | 37
제2장 제주의 생태관광 자원 | 51
문화종의 다양성과 문화상징 | 52
제주의 상징물 99개 재조명 | 56
   자연생태 분야 23 | 56
   역사 분야 24 | 58
   사회 및 생활 분야 28 | 60
   신앙·언어·예술 분야 24 | 62
제주 생태관광 자원 | 65

자연분야 상징물　| 67
　한라산　| 67
　돌담　| 68
　오름　| 69

역사분야 상징물　| 73
　제주 4·3　| 74

사회생활분야 상징물　| 75
　해녀　| 75
　갈옷　| 76
　초가집　| 76
　감귤　| 77

신앙·언어·예술 분야 상징물　| 79
　제주 굿　| 79
　제주어　| 80

섬 속의 섬　| 81
제주의 숲　| 83

제3장 제주 생태관광의 활성화　| 87

농촌마을 수입원 만들기 "예" | 89
마을단위 토속음식 개발 | 90
농사·낚시·해녀·곤충 체험/관람장 조성 | 91
생태환경 해설사 분야별 육성 | 94
참여관광과 소득증대 | 98

제4장 생태관광 성공요소 분석 | 105

그린투어 생태관광 자원 분석 | 107
생태관광과 스토리텔링 | 113
생태관광 문제점 원탁토론 | 116
제주지역 숙박과 쇼핑산업 취약 | 118
세대별 관광수요 예측 및 분석 | 122
복지관광 상품과 아이디어 개발 | 126

제5장 생태관광 발전전략 | 131

생태관광산업의 경제파급 효과 | 142
생태관광 상품개발은 주민참여 | 155
농·산·어촌과 도농 교류의 체계화 | 175

도농 교류 프로그램 해설자 육성 | 179
  농촌관광 투자전략 | 182
  관광도입 시설의 농업적 요소 | 183
  농촌관광을 통한 수입원 | 183
  운영주체 | 184
  농촌관광의 추진 절차 | 184
  사업화 전략 | 184

제6장 도농 교류의 사회적 가치 실현 | 187
  도농 교류의 가치 | 188
  농촌자원의 공공재 가치실현 | 192
  생태관광의 매력과 자원의 재활용 | 195
  생태관광활동 공간 확대 | 198
  식물공장 체험 | 201

  참고자료 | 204

제1장 생태관광의 개념과 범주

생태관광이란 무엇인가?

환경과 생태가 인간에게 미치는 영향이 커져감에 따라 환경 보전과 생태 보호라는 차원에서 생태관광의 중요성도 점차 부각되고 있다. 최근 환경오염의 폐해와 자연·문화자원의 보존에 대한 인식이 확산되면서 친환경적인 관광개발 방식, 자연생태 보존 및 자연체험 프로그램에 대한 논의가 활발해지고 있다. 이런 추세는 먼저 축제에 대한 인식의 변화를 가져오고, 관광의 틀과 방식에 대한 인식도 바꿔 나가고 있다.

문화관광의 핵심인 축제는 인간의 놀이 욕망을 드러내거나 충족시키는 문화행위로서 일상을 벗어난 재미의 현장이자 자유로운 여가 시간이다. 최근 소득의 증가와 더불어 생활에 여유가 생기면서 축제를 포함하여 마을 공동체의 유산에 대한 관심도 커지고 있다. 한류(韓流)가 세계로 퍼져 나가는 대세 속에 축제민속이 주목을 받고 있다. 축제는 한국인의 상상력과 감성이 잠재되어 있는 자원으로 축제문화의 감성창조가 새로운 흐름으로 이해되고 있다. 지역마다 홍보 효과, 브랜드 알리기, 재산권 확보 등 경쟁력을 확보하기 위해 축제를 이용함에 따라 축제 콘텐츠산업에 대한 관심도 매우 커졌다.

축제는 한국인의 전통 문화영역에서 공동체 유산의 상징이다. 축제와 연관된 민속의 영역이 다양하기 때문에 이제 축제에서도 스토리텔링과 마케팅의 중요성이 더욱 커지고 있다. 수요자의 마음을 움직여야 축제의 성공을 가져올 수 있기 때문이다. 축제는 지역의 문화관광을 포함하여 다양한 문화산업에서 반드시 필요한 항목이다. 무엇보다 축제 유산의 원형에 대한 심도 있는 진단과 연구를 바탕으로 맞춤형 축제 모델을 제시해야 한다. 지역문화의 콘텐츠로 여러 유형의 축제상품을 개발함으로써 지속가능한 고부가 가치를 창출할 수 있다.

지역의 축제유산은 역사적 통찰력을 바탕으로 인간의 본질과 속성에 대한 인문학적 조명과 관광산업을 융합하는 시각으로 살펴야 할 영역이다. 축제의 진면목에 대한 깊은 성찰 없이는 한류의 세계화 등 미래에 대한 전망이나 지역사회의 활성화는 기대하기 어렵다.

아울러 현대사회에서 지역주민들이 화합하는 데 있어 가장 기본적인 세시풍속이 되어버린 지역축제를 진일보시켜 지역경제 활성화와 관광 경쟁력 제고라는 대승적 관점을 이끌어내기 위한 관광 마케팅적 관점에서의 모색도 반드시 필요하다.

지역축제에 숨어 있는 특수성과 고유함을 지역문화로 승화시키는 작업은 미래지향적 창조 행위라고 할 수 있다. 세계의 유명 축제는 탄탄한 지역적 바탕 위에서 독창적인 아이디어가 나오고, 엄격한 조화 속에서 창의성을 발휘하여 오늘에 이르렀다.

최근에는 도시의 축제도 새로운 전통이 창출되고 있다. 축제는 창조의 영원한 주제임이 분명하다. 그 지역문화에 대한 체험관광도 새로운 관광의 방식으로 자리 잡고 있다. 관광 트렌드의 한 축은 이미 인문학적인 감성을 바탕으로 감동적인 체험을 제공하는, 교육과 즐거움이 결합된 에듀테인먼트(edutainment, 게임을 하듯 즐기면서 학습하는 교육 형태) 관광의 방향으로 나아가고 있기 때문이다.

생태학(ecology)과 관광(tourism)의 합성어인 생태관광(ecotourism)은 '양호한 상태의 자연보존지구를 목적지로 하는 여행'을 의미한다. 자연환경보전법에 따르면 '생태와 경관이 우수한 지역에서 자연의 보전과 현명한 이용을 추구하는 자연친화적인 관광'이며, 세계생태관광협회는 '환경보전과 지역주민의 복지 향상을 고려하여 자연 지역으로 떠나는 책임 있는 여행'으로 규정하고 있다. 생태관광은 대규모 단체 관광인 대중관광이 자연환경을 훼손하고 지역사회에 부정적인 영향을 미치는 것을 극복하기 위해 등장한 대안(代案)인 셈이다.

생태관광의 개념은 대략 다음 세 가지 정도로 요약된다.

첫째, 자연환경과 고유문화, 역사유적을 보전하는 관광이다.

둘째, 생태적으로 양호한 지역에 대해 관찰하고 학습하는 관광이다.

셋째, 관광사업과 관광객의 지속가능한 관광 활동을 포괄하는 관광이다. 이러한 생태관광의 개념은 지속가능한 관광(sustainable tourism), 녹색관광(green tourism), 자연관광(nature tourism) 등과 유사한 개념으로 받아들여진다.

생태관광의 연원은 자연경관을 관찰하고 야외에서 간단한 휴양을 하면서 자연을 훼손하지 않는 관광에 기원을 두고 있다. 그러나 자연경관을 단순히 관찰하는 관광도 수요가 늘어나면서 불가피하게 자연 생태계를 훼손하게 되자 자연과 유적, 지역의 문화를 보호하면서 동시에 지역 주민들에게도 관광의 이익이 돌아가도록 하자는 사회적 요구가 발생했고, 이런 요구에 부응하는 데 생태관광의 취지가 있다.

관광의 기본 목적은 관광지의 시공(時空, 장소와 시기)에 대한 호기심의 충족, 휴양과 재충전이라고 할 수 있다. 생태관광은 이러한 관광의 기본 목적에 더하여 자연에 대한 적절한 학습을 통한 지적 만족감을 얻고, 자연을 보호한다는 개인적인 보람도 느낄 수 있는 관광이다. 뿐만 아니라 관광의 대상 지역을 지속적으로 보존할 수 있는 방식이라 할 수 있다.

지속가능한 관광(sustainable tourism)도 생태관광과 유사한 개념이다. 생태관광이 생태계와 자연환경을 보호하는 관점을 중시하면서도 잘 보존된 자연환경을 관광하는 데 비중이 큰 반면, 지속가능한 관광은 생태계와 자연환경을 어느 정도 유지하면서 지역 주민과 지역사회, 그리고 관광산업의 발전을 함께 도모하자는 개념이다. 의미와 개념은 학자에 따라 조금씩 다르지만 생태관광은 지속가능한 관광과 가장 유사하다고 할 수 있다.

근대화(近代化) 이전의 관광은 대체로 귀족이나 부유층의 전유물이었다. 중세와 근대의 유럽에서 역사 유적이 많은 이탈리아나 그리스로 여행하는 경우가 그렇고, 조선시대 선비들의 여행이 그러하다. 그러나 민주주의와 시장경제가 지배하는 현대사회에서는 이러한 일부 계층의 관광은 대중관광으로 발전하고 관광산업의 비중 역시 매우 높아졌다.

일반 시민들이 다양한 관광 형태와 방식으로 즐기는 대중관광은 일상과 다른 자연과 문화를 비교적 저렴하게 즐기려는 목적을 가진다. 현재에 와서는 대중관광이 전통적인 관광이 되었으며, 이러한 개념은 생태관광, 지속가능한 관광을 덜 고려하는 관광이라는 뜻으로도 받아들여진다. 이러한 대중관광(大衆觀光)의 개념에 대응하는 관광이 생태관광, 지속가능한 관광, 대안관광이라고 할 수 있다.

대중관광은 자연환경의 파괴, 문화유적의 훼손, 지역사회 전통의 훼손, 관광지 지역민의 경제적인 박탈감, 대규모 관광산업의 에너지와 자원의 낭비 등이 문제로 등장하면서 1980년대 후반부터 대안관광이 대안으로 떠올랐다. 아울러 관광이 산업으로 입지가 굳어지면서 관광객을 대상으로 관광산업과 지역사회와 공공단체, 그리고 환경 관련 단체들이 서로 견제하고 보완하면서 발전해 나가고 있다. 다시 말해 관광의 사회적 목적과 경제적 목적이 환경적 목표와 조화를 이루어야 한다는 것이다.

관광의 종류

 대중관광의 대안(代案)으로 떠오른 대안관광은 생태관광보다 더 폭넓은 개념으로 자리 잡는다. 대안관광은 오늘날 보편화되고 일반 시민들이 즐기는 패키지 형태의 대중관광에 대응하는 관광 방식이다. 생태관광도 대안관광의 중요한 유형인 셈이다.
 대안관광은 생태관광을 비롯하여 녹색관광, 연성관광, 고유한 관광, 신(新)관광, 느린 관광(slow tourism), 체험관광(experience tourism), 체류관광(stay tourism), 지역관광(local·level tourism), 자연관광(nature toursm), 농촌관광(rural tourism), 답사관광(field tourism), 모험관광(adventure tourism), 지리 관광(geo-tourism) 등 다양한 명칭과 개념을 가진 관광들을 포함한다.
 대안관광은 보편화되고 일상화된 현대사회의 거대하고 주요한 산업의 하나로 자리 잡은 대중관광을 대체하는 것이 아니라 새로운 방식의 대중관광으로 보기도 하고, 대중관광의 문제점을 생태적·사회적·지역적으로 해결하는 하나의 방향으로 보기도 한다. 그런데 대중관광이 문제가 있다고 하더라도 대안관광이나 생태관광과 완전히 반대되는 개념은 아니며, 완전히 반(反)생태적이라거나 지속가능하지 않은 관광이라는 말은 아니다.
 생태학으로 볼 때 관광은 기본적으로 개인의 생명 유지와 인간 생태계의 생존을 위하여 필수적인 요소가 아니라 여유 시간과 자원, 생산을 즐기는 것으로, 에너지와 자원의 추가적인 사용이 요구된다. 따라서 생태관광

은 생태계를 최대한 보호하면서 관광을 하자는 취지이며, 비슷한 개념으로 지속가능한 관광은 관광 지역과 관광 산업의 발전을 도모하면서 최대한 생태계와 자연환경을 보존하자는 취지라고 할 수 있다. 생태관광을 포함하는 대안관광은 보다 포괄적인 개념으로서, 대중관광의 대안이라는 의미보다 다양한 방법으로 생태계와 자연환경, 지역문화와 지역민의 경제적 이익을 보존하는 방안을 제시하고 있다.

농촌관광과 노스탤지어(산업)관광

 농촌관광은 유럽을 중심으로 농촌지역 활성화 방안으로 전통의 농업기능에 서비스 요소, 즉 관광이라는 위락(慰樂) 요소를 결합한 형태로 도입되었다. 따라서 생태관광의 일종이라고 할 수 있는 농촌관광은 생태계를 최대한 보호하면서 관광을 하자는 취지이며, 비슷한 개념인 지속가능한 관광 역시 관광지역과 관광산업의 발전을 도모하면서 최대한 생태계와 자연환경을 보존하자는 취지라고 할 수 있다.
 메이슨과 케인(Meson & Cheyne)은 "공간적 또는 기능적으로 농촌을 목적지로 하여 기존의 관광지에서 벗어나 농촌·산촌·어촌의 문화나 자연환경, 역사 등을 대상으로 하는 관광 형태"라고 정의하였다. 박석희는 "농촌·산촌·어촌 지역에서 그곳의 자연경관과 문화경관이 지닌 농촌다움을 핵심 편익으로 상품화한 관광"이라고 정의하였고, 박시현과 송미령은 "농촌이라는 장소에 대한 보편적 특성, 즉 농촌을 바탕으로 하는 관광 활동을 지칭하는 개념"으로 정의하였다. 다시 말해 도시민들이 농촌·산촌·어촌의 특성이 보존된 지역에 머물면서 이곳의 생활을 체험하고 여가를 즐기는 것을 의미한다.
 초기의 정의는 농촌지역 대상의 관광 활동으로 시작되어 최근에는 농촌지역의 역사, 문화, 자연을 포괄하는 광의의 개념으로 확대되고 있다. OECD는 농촌관광을 농촌에서 발생하는 관광으로 정의하면서 농촌성(rurality)이 농촌관광의 핵심적인 부분이라고 하였다.

"농촌이라는 장소에 대한 보편적 특성, 즉 농촌을 바탕으로 하는 관광활동을 지칭하는 개념"으로 정의되는 농촌관광은 도시민들이 농촌성이 보존된 농촌에 머물면서 이곳의 생활을 체험하고 여가를 즐기는 것을 의미한다.

우리나라의 농촌 지역은 내부적으로 경작 면적의 감소, 농업의 산업적 가치의 하락, 농산물의 가격 불안정과 젊은 세대의 외부 지역 유출로 인하여 경제적 위기를 경험하고 있으며, 외부적으로는 FTA을 비롯한 농수산물 시장의 국제개방 등으로 경제적 어려움이 가중되고 있다.

그러나 삶의 질 향상과 환경에 대한 관심 증가 등 전반적인 가치 변화로 농업과 농촌의 다원적 기능에 대한 관심이 크게 변하고 있다. 또한 도시민들의 교육 및 소득 수준이 향상되고, 여가시간이 증가하면서 기존 관광 형태에서 벗어나 새로운 형태를 추구하게 되면서 농촌 지역에서 휴가를 즐기는 데 관심을 보이고 있다.

농촌관광은 시대의 변화와 요구에 부응하고 현재 농촌의 어려운 상황을 극복하기 위하여 농촌지역의 경관, 문화자원을 활용한 농촌지역의 새로운 소득원으로서의 가능성을 제시하고 있으며 농업의 시장경쟁력 저하를 해결하기 위한 소득대체산업으로 주목받고 있다. 또한 농촌 지역의 주민들이 자신의 생업인 농업이나 생활문화, 농촌의 경관과 환경을 도시민과 교류·체험을 통하여 상품화하고 소득을 올리는 관광이기도 하다.

이처럼 농촌관광은 도시주민이 녹색의 농촌 지역에 체재하고 자연, 문화, 사람들과의 교류를 즐기는 여가활동이며, 동시에 농촌지역 경제를 진흥시키는 요소를 가진다. 사람들에게 농촌지역이 가지는 다원적인 문화자원이나 자연자원임을 확인시켜 종래의 가치관을 변화시키는 관광행위를 의미하기도 한다.

우리나라의 농촌관광은 2002년부터 마을을 단위로 하는 농촌관광마을육성사업이 농림부, 행정자치부, 농촌진흥청, 환경부 등 중앙부처에 의해 적극 추진되고 있다. 최근 농촌관광에 대한 관심이 높아져 전국적으로 농촌관광을 추진하여 성공사례가 나타나기 시작하고 있으며, 농업·농촌이 침체되는 가운데 농촌관광이라는 새싹이 자라는 중이다. 이는 농민들의 자각과 도시민의 여가 의식 성숙, 정부의 정책적 지원 등이 이루어지고 있기 때문이다.

도시민들이 농촌다움이 보존된 농촌에 머물면서 그곳의 생활을 체험하고 여가를 즐기는 것을 의미하는 농촌관광과 유사한 개념인 녹색관광(green tourism)은 '환경 친화적 체험관광'의 의미가 강하고, 농촌의 문화, 자연경관과 생태, 조용함과 따뜻함을 체험할 수 있는 프로그램이 되고 있다. 농촌관광이 활성화되고 제 궤도에 오르게 하려면 농촌관광자원의 개발도 중요하지만, 무엇보다도 농촌생활을 체험할 수 있는 프로그램의 발굴과 육성이 중요한 과제다.

농촌관광의 계획 수립과 사업 추진 과정에서 체험 프로그램의 발굴과 실행을 촉진하고 활성화 방안을 모색해 보아야 할 것이다.

(고병갑, 농촌관광의 실태 및 활성화 방안에 대한 연구, 공주대학교, 2007)

농촌관광의 일환으로 보이는 노스탤지어(산업)관광의 사례도 있다. 지역의 농업과 전통문화, 특산물을 중심으로 전통문화마을을 조성하는 사업이 추진되었다. 크게 성공한 마을로는 일본의 시라카와무라[白川村]가 있으며, 연중 100만 명의 관광객과 50억 엔이 넘는 관광수입을 올리고 있다. 그린 투어리즘 프로그램은 지역의 자원 특성에 따라 특산물, 전통문화, 자연자원 형으로 구분할 수 있으며, 우리나라 그린 투어리즘에 가장 큰 영향을 준 사례이다.

농촌관광은 도농(都農)이 공생하는 생활방식의 필요에 따라 농촌의 녹색생활양식(green life style)과 각종 역사문화자원을 상품화하여 도시민들에게 꿈을 파는 문화산업(Culduct, 문화융합상품)으로 발전함이 바람직하다. 농촌관광의 목적은 안정된 농업생산으로 농촌 소득구조의 변화와 경제적 자립을 도모하고 농촌 환경의 보전과 지역자원의 유지·활용을 통하여 도시와 농촌이 상부상조하는 생활공동체 형성에 있다. 구체적인 과제로는 농촌지역의 계획적인 토지이용 추진, 지역소득 확보와 활성화 증진, 아름답고 살기 좋은 주거환경 정비, 다원적·공익적 기능의 유지와 발휘 및 촉진 등을 들 수 있다.

따라서 지속가능한 농업, 지속성이 높은 농업생산방식의 도입, 유기성 자원의 순환을 도모할 수 있는 재이용·재활용 및 적정한 이용이 요구된다. 농촌의 생산 환경, 생활, 역사문화, 자연 및 사회 환경이 종합적으로 조화를 이룰 때 농업·농촌의 다원적 기능이 발휘되어 농업인의 삶의 질이 향상되고 농촌 환경이 지속적으로 발전할 수 있을 것이다.

농업의 6차 산업화란 1차 산업, 즉 농업을 축으로 하여, 생산한 농산물을 가공하는 2차 산업과 농산물 직판장, 음식점, 숙박시설의 경영 등 3차 산업적인 분야 등 세 가지 분야를 도시와 교류를 통하여 종합적으로 추진하는 것으로, 류선무 박사에 의하면 (생산+가공+유통)+(체험학습+교류)=6차 산업화(복합농촌)로 정의하고 있다.

경영 다각화와 복합농촌 건설은 Green-Tourism을 통하여 농촌의 성장가능성을 밝게 하고 있으며, 농촌관광은 지역 내 활동과 시설운영의 교육적 효과, 지역 경제적 효과, 사회적 효과 등이 고려되어야 한다.

생산 → 가공 → 유통 → 소비 → 재생산 형태의 자연 순환 체계 구축을 통하여 자연의 상생과 조화를 이루고, 주민간의 지역공동체 형성 및 도농간의 공생·공존·공영을 전제로 하여 지속발전이 가능한 농촌과 사회체계를 이룩해야 할 것이다.

농촌관광을 통한 지역경제 활성화를 도모하려면 지역 주민을 중심으로 중앙 및 지방정부, 전문가 집단, 도시민 등 농촌 개발 관련 주체들 간의 네트워크 구축이 무엇보다 중요하다. 당연히 지역주민 스스로가 추진 주체로 적극 참여하여 그 역할을 수행하여야 한다. 각종 사업의 산업화 전략과, 외부 전문가와 연계하여 지자체 공무원 및 지역주민을 대상으로 한 정기 교육프로그램의 개발 및 운영도 필요하다.

친환경 농촌 개발을 통한 농촌관광 사업은 지역자원을 특성화하며, 이미 조성된 농촌지역의 관광지 역시 농촌관광과 더불어 지역경제 활성화에 기여할 수 있도록 지속적인 관심과 지원 및 관리가 필요하다고 하겠다. 아울러 지역축제의 활성화 등과 연계하여 상승 효과를 가져올 수 있도록 다양한 프로그램의 개발이 요구된다.

Green-Tourism 발전방안으로, 농촌관광 활성화를 도모하려면 경영, 마케팅 측면의 마인드를 도입하여 볼거리, 즐길거리, 먹을거리, 쉴거리, 살거리 등을 확보하는 것이 관건이다. 농촌 환경 측면에서는 제대로 된 환경 친화형 농촌 정비가 필요하며, 도로망(농로), 하천, 소하천 정비, 무질서한 농토의 정비, 특색 있고 내구성 있는 농가주택과 쾌적한 마을 경관, 향토수종 등의 조경을 들 수 있다. 그밖에도 산림 가꾸기 등은 소나무나 조림 품목 외에도 다양한 고유수종이나 식물자원을 보호하는 것도 중요한 사안이다. 다시 말해 농촌 전역을 환경 친화형으로 정비함이 타당하다.

우리 농산물과 특산물의 가공, 지역의 특산품이나 관광 상품 개발 등을 통한 특화된 상품의 질적·양적 확보와 소비촉진, 홍보, 판매에 사활(死活)을 거는 일도 중요하다. 아울러 농촌지역의 교육·의료·문화·복지 등 제반 문제점을 해결하고, 나아가 경쟁력 신장과 경제수준의 향상을 통하여 농업인이나 도시민을 막론하고 재정적 수준의 향상, 생활안정 및 시간적 여건이 되어야 관광이나 여가를 즐길 수 있을 것이다.

향후 도시민의 자발적 참여 등으로 상호 신뢰 구축과 상생의 바탕 위에 실질적이고 활발한 도농 교류가 이루어지도록 하며, 조속히 자생력을 확보하도록 하는 것도 중요하다. 아무쪼록 농촌관광을 비롯하여 모든 농촌·산촌·어촌 개발 사업이 합리적, 이상적으로 잘 추진되어 우리농촌이 경제 활성화는 물론 사회문화 등 제 분야도 활성화됨으로써 세계 속의 선진화된 농촌·산촌·어촌으로 거듭나고, 도시와도 보조를 같이할 수 있는 복지농촌이 건설되어야 한다. 벤치마킹으로 장점을 살리는 것도 한 방법이겠지만 이제는 우리 나름의 특성을 살린 친환경적 농촌·산촌·어촌의 발전모델, 농촌관광 모델을 개발해야 한다.

녹색관광은 분명 지역사회에는 새로운 기회가 될 것이나 충분조건이 마련되지 않은 지역사회에게는 분명 준비되지 않는 녹색관광과 관련하여 중요하게 다뤄야 할 문제가 있다. 녹색관광의 활성화는 경제학적으로 풀이하자면 농촌의 고유자원을 신상품으로 해서 농촌지역에 새로운 시장이 형성되는 과정이다. 농촌지역에서 생산되는 다른 상품과는 달리 그것은 농촌에서 생산돼 도시에서 소비되는 것이 아니라, 도시인들이 농촌지역을 방문 또는 체류함으로써 농촌에서 소비가 이루어지는 형태다.

이러한 과정에서 농촌 고유자원 소유자들은 다양한 고유자원 생산 및 유통활동(Amenity based industry)을 통해 시장공급자로 등장하게 되며, 도시 수요자들과 함께 농촌 고유자원 시장 참여자 그룹의 양축을 이루게 된다. 시장 참여자 그룹에는 물론 고유자원과 관련해 정보생산과 유통을 담당하는 그룹이 지역 내외에서 합류하게 될 것이다.

여기서 중요한 것은 농촌 고유자원 시장의 형성으로 인한 이익(Benefit)과 비용(Cost)이 시장 참여자 그룹 상호간에 어떻게 배분되는가의 문제이다. 이익과 비용에 있어 분배의 형평성이 유지된다면 시장 참여자 모든 그룹 간에 상호적 협력관계가 지속되면서 녹색관광으로 인해 형성된 지역의 농촌 고유자원 시장은 지역발전에 지속적으로 도움이 될 것이다. 그러나 그렇지 못한 경우라면 그것은 지역사회에 갈등을 조장하고, 농촌 고유자원 이용의 왜곡과 낭비를 초래하게 될 것이다.

(이제영·홍창의, 녹색관광홍보론, 시간의 물레, 2012)

메디컬 투어리즘

의료관광은 의료 서비스와 휴양·레저·문화 활동 등 관광활동이 결합된 새로운 관광형태를 말한다. 의료관광은 의료 서비스의 고부가가치산업화를 위해 추진하려는 것이고, 부가가치가 높은 의료관광사업 활성화와 의료기술개발 활성화가 이루어지고 있다.

현재 우리나라뿐만 아니라 세계의 많은 국가에서 민간 주도로 부가가치가 높은 의료서비스 및 건강증진 식품을 관광사업과 연계하여 발전시키고 있다. 주로 비용이 선진국과 비교하여 저렴하면서 동시에 선진국 수준의 의료서비스와 휴양시설을 갖춘 아시아 국가들(싱가포르, 태국, 말레이시아, 인도 등)에서 활발히 추진 중이다. 이들 국가들은 공통적으로 의료허브를 지향하고 있으며 의료산업을 21세기 국가전략산업으로 삼고 특히 외화획득의 주요 수단이 되는 '의료관광'에 대규모 예산과 정부 차원의 적극적인 지원정책을 펼치고 있다.

의료관광은 관광객의 체류기간이 길며, 특히 미용이나 성형, 건강검진, 간단한 수술 등으로 찾는 환자의 경우 관광을 연계하여 머물기 때문에 체류비용이 높아 21세기의 새로운 고부가 가치 관광산업으로 성장하고 있다. 단순한 관광(sighting, Site Seeing)에 그치던 과거의 관광행태에서 벗어나 적극적으로 직접 참여하여 체험함으로써, 보람 있고 심신을 풍요롭게 하며, 모험성을 내포하여 학습적 경험을 얻고자 한다. 이러한 현상의 확대로 볼 때, 의료관광은 체험관광 중의 체험관광으로서 거주 지역에서는 경험할 수 없는 방문 지역에서만의 특이한 문화체험이며, 미래의 관광산업을 주도하는 분야로 성장할 것으로 예상된다.

의료산업은 인간의 건강을 보호·유지·증진시키기 위해 필요한 재화와 서비스를 공급하는 산업이다. 인구의 고령화와 평균 소득수준 향상에 따라 건강에 대한 관심이 높아지면서 앞으로 발전 잠재력이 대단히 큰 산업 분야로 평가받고 있다. 일반적으로 의료산업이란 의료서비스산업, 제약, 의료용구산업, 의료정보산업 등을 꼽을 수 있으며, 이는 모두 인간의 건강을 보호·유지·증진시키기 위한 제화나 서비스를 공급하는 제반 경제활동으로 볼 수 있다.

1990년대 초반만 해도 이런 말을 꺼내는 사람은 거의 없었다. 그러나 10년 후 실제로 10%의 병원이 부도를 맞았다. 애초에 조짐이 없었던 것은 아님에도 불구하고 병원들이 이를 외면하며 변화의 흐름에 대처하지 않았기 때문이다.

그렇다면 다가올 10년은 어떨까? 병원을 비롯한 의료산업계에 어떤 일들이 벌어질까? 동아시아 전체가 의료관광의 격전지로 변하고 있으며, 먼저 기선을 잡은 쪽은 동남아시아 지역의 국가들이다.

선발주자로 확실하게 치고 나간 싱가포르와 태국의 뒤를 인도와 인도네시아, 말레이시아가 뒤따르고 있다. 지금까지 국가 간의 의료경쟁에 뛰어들 생각이 별로 없었던 동북아시아 지역 국가들도 준비를 단단히 하고 있다. 의료관광에서는 한국과 중국, 일본이 싱가포르 및 태국과 맞붙는 양상을 띠게 될 것이며, 미용을 중심으로 하는 의료관광 영역에서는 태국이 1위를 고수한 채 그 밖의 국가들이 2위 자리를 놓고 각축을 벌일 전망이다.

병원 간의 경쟁이 치열해지면서 경영에도 전문성이 필요하다는 인식이 높아졌고, 대응책의 마련에 부심하고 있다.

여기에 영리(營利) 병원에 대한 이슈까지 겹치면서 병원들의 불안감이 가중되고 있다. 한국은 2015년에 보험사가 약 24조 원의 의료비를 부담하였다. 이러한 상황에서 의료기관이 청구하는 금액을 아무런 조건 없이 지급할 수는 없는 노릇이다. 불가피하게 보험사와 의료기관 사이에서 파워게임이 본격화될 수밖에 없다.

레저스포츠 관광

스포츠는 다양한 가치를 지녔다. 과거에는 인간이 갖춰야 할 지덕체(智德體)의 한 축으로서 역할이 강조돼 왔다. 스포츠를 통해 사람들은 규칙을 배우고 심신을 단련하며 사회의 일원으로서 살아갈 수 있게 훈련된다. 물론 스포츠는 그 과정에서 재미와 즐거움을 준다. 그런데 이와 같은 고전적 스포츠의 역할에 관한 인식은 크게 바뀌었다. 스포츠가 돈이 된다는 사실을 깨닫는 순간 스포츠의 가치는 확장됐으며 일면 타락하기도 했다. 사람들은 스포츠 그 자체를 통해 돈을 벌기도 하고, 스포츠를 이용해 사업을 벌이기도 했다.

세상의 급격한 변화로 이미 그런 시대는 지나갔다고 선언하고 있다. 이제는 다른 산업과 연계 통합을 통해 새로운 스포츠 비즈니스 시대가 열리고 있다. 스포츠만큼 다른 산업과 쉽게 융합하는 콘텐츠도 드물다고 주장한다. IT산업과 연계해 각종 게임으로 발전할 수 있으며, 의학·관광 등과도 접목해 새로운 형태의 산업으로 발전할 수 있다는 것이다. 한국은 과거 전문가들의 영역이었던 스포츠 비즈니스에 일반인들도 쉽게 다가갈 수 있다.

(김종, 스포츠 비즈니스 3.0, 일리, 2012)

2006년 토리노 동계올림픽 당시 금메달 6개, 은메달 3개, 동메달 2개로 종합 7위에 올랐다. 그러나 스피드스케이팅 남자 500m에서 동메달을 차지한 이강석(의정부시청)을 제외한 나머지 메달이 전부 쇼트트랙에서 나와 국제스포츠계의 시선을 끌지 못한 것이 사실이었다.

　하지만 이번 2010년 벤쿠버 동계올림픽에서는 좋은 성적과 함께 빙상그랜드슬램도 달성하여 동계스포츠에서 주목을 받은 국가가 되었다. 정부는 물론 특히 동계올림픽과 관련된 각종 SOC사업을 추진하고 있는 강원도로서는 지역의 발전과 비전이 걸려 있는 중차대한 일이다.

　88서울올림픽과 2002년 월드컵을 개최했던 정부가 2018 평창 동계올림픽 유치와 같은 국가적인 대사(大事)에 동원할 수 있는 모든 역량을 집중하는 것은 당연하다. 그것이 과거 뼈아픈 두 번의 실패를 딛고 미래의 국운을 펼치고 지역발전을 이루는 길이다.

(윤강로, 총성 없는 전쟁, 스포츠파트너, 2006)

　사격, ATV, 버기카, 카트, 제트보트처럼 전율할 정도의 역동적인 체험이 있는가 하면 올레와 오름, 숲길 걷기, 한라산 등산과 자전거 해안도로 일주처럼 바람결 따라 제주를 만나는 방법도 있다. 노란 감귤이 주렁주렁 열린 귤밭에서 직접 귤을 따보거나 제주의 별을 이불삼아 하룻밤 묵는 캠핑, 맑은 소리를 내는 비교적 정적인 체험도 제주도이기에 더욱 특별한 추억이 된다. 또한 승마, 돌고래 체험처럼 사랑스러운 동물을 만나 신나게, 때로는 따뜻하게 교감하는 일, 초보자도 해볼 수 있는 스쿠버다이빙 체험, 패러글라이딩, 패러모터, 요트, 잠수함, 자일 라펠 등 바다와 하늘을 종횡무진 누비고 날며 누릴 수 있는 낭만적이거나 짜릿한 '입체 제주여행'의 행복한 순간들이다.

(황금시간 편집부, 내 생애 최고의 제주여행, 황금시간, 2011)

생태관광의 사례와 범주

우리나라의 생태관광 사례로는 문화기행, 아름다운 농촌(어촌과 산촌) 마을에서의 체험과 체류 기행, 템플 스테이, 제주도 올레 걷기, 병영 체험까지 포함될 수 있다. 지방자치단체마다 구릉지와 마을 산을 연결하는 둘레길 등의 걷기 외에 자전거 여행도 생태관광의 좋은 사례다.

보다 확대되고 적극적인 생태관광으로는 친환경 시설이나 구조물, 자연환경을 고려한 단지 계획, 이용객들이 자연스럽게 생태계를 보호하려는 행동 유도 등이 모두 포함된다.

세계 여러 나라의 경제 규모와 소득 수준이 발달하면서 관광산업도 그 규모가 비약적으로 발전하고 세계화를 통하여 지구촌(地球村) 개념으로 확산되었다. 그 결과 국제 에너지 파동이나 글로벌 경제위기는 세계화된 관광산업에 직접 영향을 주고 있다.

실례로 항공기를 통한 관광 여행의 경우 시간은 절약되지만 선박에 비하여 훨씬 에너지 소비가 많으므로 친환경적이지 못하다. 대규모의 호화로운 관광시설이나 여가시설 등도 과도한 에너지와 자원 소모라는 측면에서 생태관광에 반하는 것이라고 할 수 있다.

개인이나 소규모의 집단이 도보, 자전거, 대중교통 등 최소한의 교통수단을 이용하고 민박이나 텐트를 이용하는 배낭여행, 민박 여행, 장거리 여행 등도 생태관광의 범주에 포함될 수 있다. 궁극적이고 장기적으로는 생태관광이 지속가능한 관광이 되고, 대안관광으로서 대중관광을 통한 관광객의 보람과 지역사회의 경제적인 이익까지도 보장할 수 있는 수준으로 발전하는 것이 최종 목표가 될 것이다.

생태관광은 전문 관광 분야로서 다음과 같은 특징도 가지고 있다. 자연 보호와 보전에 최선을 다한다. 적극적 개발이 용인되지 않는다. 현장에 직접 찾아가서 체험하고 교육한다. 자연 속에서 새로운 것을 찾는 모험이다. 희귀한 관광 상품을 대상으로 한다.

환경부는 습지 보호지역, 생태·경관 보전지역 등 환경에 대한 보전가치가 있고 생태계 보호의 중요성을 체험·교육할 수 있는 지역을 '생태관광지역'으로 지정하고 있다.

아울러 생태관광지역에는 전문가 컨설팅을 통한 주민협의체 구성과 운영, 생태관광자원 조사·발굴 및 프로그램 개발, 소득 창출과 홍보 방안 등 생태관광지역 조기 정착과 브랜드화를 지원하고 있다.

국내의 대표적인 생태관광지역으로는 양구 DMZ, 인제 생태마을(용늪), 강릉 가시연 습지·경포호, 평창 동강생태관광지, 안산 대부도·대송 습지, 서산 천수만, 서천 금강하구 및 유부도, 괴산 산막이 옛길과 괴산호, 울진 왕피천, 창녕 우포늪, 울산 태화강, 부산 낙동강 하구, 고창 고인돌·운곡 습지, 광주 평촌마을, 순천 순천만, 남해 앵강만, 신안 영산도, 제주 동백동산, 서귀포 효돈천과 하례리 마을 등이 있다.

생태관광은 생태적으로 건전하고 자연친화적인 관광으로서 관광객이 자연 보전을 주요 테마로 삼은 관광을 하고 그로 인한 수익은 관광지의 생태계 보전을 위해 사용하는 관광 형태다. 환경부장관은 이러한 생태관광을 육성하기 위해 문화체육관광부장관과 협의하여 지방자치단체·관광사업자 및 자연환경의 보전을 위한 민간단체에 대하여 지원할 수 있으며, 또한 자연환경보전법에 따라 문화체육관광부장관 및 지방자치단체의 장과 협조하여 생태관광에 필요한 교육, 생태관광자원의 조사·발굴 및 국민의 건전한 이용을 위한 시설의 설치·관리를 위한 계획을 수립·시행하거나 지방자치단체의 장에게 권고할 수 있다.

일반적인 관광으로 볼 수 있는 대중관광에 해당하는 것은 해수욕장, 유흥단지, 건축물, 어린이대공원, 놀이공원 등이 있는데, 가급적 많은 관광객을 수용해서 관광 기회를 제공함으로써 수익을 올리고자 합니다. 관광의 중요한 개념은 연간 최대 방문객, 회전율, 집중률 등 사회적수용력이 기준이며, 보다 많은 사람들에게 보다 많은 관광 기회를 제공한다는 명분으로 생태보전보다는 사람의 이익을 앞세우는 개념이다. 대중관광은 보전의 개념이 부족하고, 보전보다는 수익성이나 공공성을 우선시한다.

여기에 비해 생태관광은 가치 있는 자연자원, 역사문화자원을 지속적으로 보전하고 이용하려는 관광 개념이다. 생태관광의 관광자원으로는 첫째 산, 하천, 갯벌 등 자연요소를 꼽을 수 있다. 둘째 문화재, 민속마을 등 역사문화요소를 꼽을 수 있다. 생태관광에서 가장 중요하게 다루는 개념은 생태수용력이다.

생태수용력은 자원의 질이 저하되지 않는 범위 내에서 관광객을 수용한다는 개념으로 관광객 수를 줄인다는 의미다. 생태수용력을 유지하는 방법으로는 사전예약제, 휴식년제, 출입금지구역 설정 등이 있다. 아울러 생태관광자원에 대한 교육을 통해 관광객 스스로가 관광자원을 이해하고 스스로 관광자원을 지켜낸다는 개념을 병행하여 지속적으로 자원을 보전하고 또 지속적으로 자원을 이용한다는 것이다. 관광의 사회적 목적과 경제적 목적을 환경 목적과 조화를 이루도록 한다는 차원이다.

생태관광과 제주도 살이

 제주에 살면서 매일매일 이 섬의 아름다움을 보게 된다. 어느 곳으로 눈을 돌려도 아름다운 풍경이 있는 곳이 제주다. 보석처럼 반짝이는 바다와 어머니 젖가슴처럼 부드럽고 포근한 386개의 오름과 늙은 나무가 말을 걸어올 것만 같은 신비로운 곶자왈 숲이 있고 깊은 바다를 울리는 잠녀의 숨비소리, 자꾸 걷고 싶은 길, 둘이 먹다 하나가 죽어도 결코 알 수 없는 맛있는 음식이 가득한 곳이 바로 제주다.
 세계 생태관광의 목적은 생태관광의 사회적·경제적·환경적 영향에 대한 지식을 향상시킨다. 생태관광의 영향을 모니터링하고 통제하기 위한 규제로 유네스코가 담당하고 있다.
 도시로 돌아가는 비행기를 타기 전 한 시간쯤 시간이 남았을 때, 바다로 향한 목마등대 뒤로 떨어지는 한없이 붉은 노을을 보고 싶을 때, 또는 한여름 작열하는 태양 아래 바다 레포츠를 즐기고 싶을 때 이호해변으로 간다.
 공항에서 가장 가까운 거리의 이호해변은 계절에 따라 시간에 따라 천의 얼굴로 여행자와 만난다. 그 중 압권은 늦은 오후의 금빛 바다가 오렌지 빛으로 변해 가는 광경이다.
 해변 입구의 아카시아 숲에서 날아온 꽃향기를 맡으며 마주한 이호해수욕장의 노을에 그저 행복하고 감사할 뿐이다. 250m 길이의 아담한 백사장을 걸으며 제주와 낭만의 작별을 할 수 있다.
 제주의 숙박 시설에는 호텔과 펜션, 게스트하우스만 있는 것이 아니다.

다양한 여행자들이 몰리면서 새로운 스타일의 숙소도 속속 생겨나고 있다. 그 중에서도 특히 가족 단위 여행자들의 눈길을 끄는 것이 바로 '하우스 렌트'다. 하우스 렌트란 쉽게 말하면 '집 하나를 통째로 빌리는 것'이다. 그렇다면 기존에 있던 '풀 빌라'나 '독채 펜션'과 어떻게 다른가? 우선 하우스 렌트를 통해 빌려 주는 집은 '전망 좋은 곳에 있는 멋진 집'이 아니라 보통 마을에 있는 농촌·산촌·어촌의 주택이다. 그래서 하루 10만 원 정도의 비용으로 8명까지 이용할 수 있을 정도로 저렴하다.
(고선영·김형호, 제주 여행의 달인, 리더스하우스, 2012)

나에게 제주도는 태어나 자란 곳이고 가족들과 친구들이 있고 유년시절의 추억들이 부유하는 곳이다. 어릴 때는 우리 집 옥상에만 올라가도 눈앞에 바다가 펼쳐졌고 학교 점심시간에는 학교 뒤편의 바닷가에서 친구들과 놀기도 했다. 그러다가 서울생활이 시작되면서부터 어린 시절 내가 당연하게 누렸던 것들에 대해 다시 생각해보게 되었다. 정확히 말하자면 제주도가 얼마나 좋은지가 아니라 어떻게 다들 서울 같은 도시에서 살아가고 있는지에 놀라게 됐다는 게 맞을 것이다.

딱히 제주에 온 무슨 거창한 이유가 있었던 것은 아니다. '제주도 푸른 밤' 노래가사를 동경하며 제주도를 다녀온 사람들이 몇 군데 휙 하고 돌아보고는 제주도를 다 돌아봤다고 얘기하는 게 싫었고 정작 제주도 사람들은 아무도 가지 않는 음식점 몇 군데를 가보고는 비싸고 맛이 없다며 불평하는 얘기가 싫었다. 제주도에서 태어난 나조차도 아직도 못 가본 곳이 많고 갈 때마다 감탄을 하고 돌아오는데 사람들은 왜 그것을 보지 못할까? 단지 거기에서 시작됐던 거 같다. 반 고흐가 프로방스의 나무들을 그림으로 그리기 전까지는 어느 누구도 그곳의 나무들을 눈여겨보지 않았던 것처럼 보잘것없는 솜씨로나마 제주도의 그림을 보여주고 싶었다. 제주도 사람이면서 서울 사람인 나만이 볼 수 있는 것들을 말이다.

책을 준비하면서 여행에 관한 책들을 닥치는 대로 섭렵했다. 글을 써본 일도 없을 뿐 아니라 제주도를 어떤 방법으로 보여줘야 할까에 대한 조그만 힌트라도 얻고자 하는 마음이었다. 사진을 찍는 과정은 한 순간이지만 드로잉 기법으로 스케치하고 싶었다. 그림을 그리기 위해서는 몇 분이고 앉아서 풍경을 관찰해야 하는데 그 과정에서 전혀 눈여겨보지 않았던 것들이 새롭게 보이기 때문이다. 부디 천천히 걷고 앉아서 쉬고, 시간이 모자라면 내일 둘러보고, 이번에 다 못 보면 다음에 와서 돌아보고 있으며 내가 바라는 여행의 모습이다.

좁은 숲길을 따라 조금 들어가면 별도봉의 정상으로 가는 길과 사라봉 쪽으로 가는 길이 있는데 일단은 사라봉 쪽으로 길을 정했다. 봄에서 여름으로 막 넘어가는 시기라 그런지 길은 아카시아며 찔레꽃 같은 온갖 들꽃 냄새로 가득했다.

제주도 북쪽의 바다부터 시작하여 아담한 제주시의 건물들까지 붉은 그림자를 드리우는 일몰 풍경만으로도 사라봉을 찾는 충분한 이유가 된다. 포장이 잘 되어 있는 길은 경사도 완만해서 정말 '잠깐' 들를 수 있다.

해미안이란 목욕탕이다. 온천도 아닌 그야말로 목욕탕. 이제까지의 여행 책 중에 목욕탕을 소개하는 책이 있었나 싶긴 하지만 여행가서 목욕탕에 가지 말란 법이 있는가. 제주시 도심과는 조금 떨어진 외도동에 있는 이유로 제주 사람들 중에도 아는 사람이 많지 않은 곳이지만 가본 사람이라면 분명히 가보라고 추천을 해줄 것이다.

야외에 있는 뜨뜻한 탕에 몸을 담그고 앉으면 바다의 풍경이 한눈에 들어온다. 혹시나 바깥에서 이쪽이 보이면 어쩌나 하는 이도 있겠지만 멀리 고깃배에서 고배율의 망원경으로 관찰하지 않는 이상 바다 쪽 언덕 위에 있기 때문에 그럴 일은 전혀 없다. 탕 속에 앉아서 바다를 감상한다는 게 생각보다도 훨씬 괜찮고, 겨울에 눈이라도 내린다면 일본의 노천탕 부럽지 않을 것이다.

더위에 땀이 뚝뚝 흐르는 어느 여름날, 갑자기 캐롤송이 듣고 싶었다. 어릴 적에 눈이 보고 싶으면 찾았던 1100고지 휴게소를 가기로 하고 친구와 차를 탔다. 뭍사람들의 예상과는 달리 제주도도 눈이 꽤 오는 편이다. 하지만 영하의 날씨가 존재하지 않기 때문에 다음날이면 쌓였던 눈이 모두 녹아버려 눈 쌓인 풍경을 구경하러 자주 찾던 곳이 이곳이다. 한라산 아래 해발 1100m에 위치한 이곳은 겨울이면 온통 쌓인 눈으로 장관을 이루어 관광객이 요즘처럼 많지 않았던 예전에도 눈 구경을 하러 온 제주 사람들로 붐볐었다. 한라산 정상을 가까이 볼 수 있어서 다른 계절에도 가볼 만한 곳이지만 역시 이곳은 겨울에 와야 제 맛인 것 같다.

제주도에 사는 내 친구와 우리 매형이 정말 멋있는 곳이라며 똑같이 데려갔던 동네가 '난드르'라고 불리는 안덕면 대평리이다. 매일 오름과 바다 풍경을 보며 사는 제주도 사람들도 반할 만 한 풍경을 가진 대평리는 안덕계곡을 가로지르는 위험천만한 좁은 도로를 여러 번 돌아 맞이하게 되는 바닷가 마을이다. 계곡의 높은 길에서 내려다보이는 대평리의 아늑한 풍경을 보면 확실히 다른 바닷가 마을과는 다른 모습이다.

각종 꽃들로 아기자기하게 꾸며진 돌담집의 골목을 지나치면 '카페물고기'의 간판이 나온다. 원래 있던 돌담 집을 개조하여 만든 카페는 장선우 영화감독이 직접 운영하는 곳이라는 소문에 젊은 층이 종종 찾는다. 대평리에는 카페물고기 외에도 몇 개의 카페가 더 있다. 육지 사람들이 어떻게 이런 좋은 곳을 찾아 카페를 만들었는지 얄밉기까지 할 만큼 대평리의 풍경은 좋다. 유명한 감독이 운영하는 카페를 가보자는 이유만으로 이곳을 찾기에는 아까운 곳이다. 카페는 시간이 멎은 듯 평온한 대평리 풍경의 한 조각으로 어울려 서 있을 뿐이다.

(홍창모, 제주여행법, SOMO, 2010, 내용 일부 삭제 및 첨가)

스무 살 무렵엔 오름이 보이면 닥치는 대로 올랐다. 제주의 풍경을 볼 수 있는 것이 좋았고 자연과의 교감이 즐거웠다. 그런데 용눈이는 다른 오름과 달리 오름 밖의 제주 풍경을 보여주는 것이 아니라 오름 안의 풍경, 그러니까 오름의 내면을 볼 수 있게 해준 첫 번째 오름이다. 용눈이 오름의 부드러운 곡선 때문이었다.

나는 그때까지 세상이 만들어 놓은, 혹은 세상이 정해놓은 직선의 삶을 살고 있었다. 용눈이 오름의 부드러움은 나에게 큰 위안을 주었다. 그리고 나에게 곡선의 삶을 발견하게 해주었다. 나는 태어나서 처음으로 용눈이처럼 부드럽게 살고 싶다는 생각을 했다.

거대한 원형 분화구가 푸른 하늘을 다 담겠다는 듯이 제 몸을 비운 채 하늘을 올려다보고 있다. 입이 다물어지지 않았다. 이미 몇몇 작가들이 이야기했듯이 거대한 콜로세움에 들어온 것 같다. 분화구는 깊어서 마치 땅 속의 제국 같다. 땅 밑바닥까지 파고들어갈 기세다. 콜로세움 중앙에는 삼나무가 원을 그리며 서 있다. 그 모습이 마치 잘 훈련된 군사들 같았다.

평화로는 내가 꽤 좋아하는 길이다. 제주 서부 풍경을 향한 사랑을 다시 확인할 수 있고, 추사 김정희가 허름한 차림에 찌그러진 갓을 쓰고 터덜터덜 이 길을 걸어 유배지 대정으로 갔으리라는 상상이 가슴을 아프고 설레게 했다. 당시엔 구불구불한 산길이거나 오솔길이었을 것이다. 나뭇가지가 천만 번 흔들어서 만들어진 길은 유전자처럼 지워지지 않고 끝내 더 큰 길로 만들어져, 옛 추억을 더듬게 한다.

어린 시절 이 길의 이름은 서부산업도로였다. 근대화로 모든 것이 합리화되던 시절에 지어진 이름이다. 그 시절의 도로는 굽이굽이 굽잇길이었는데, 그때의 아름다운 풍경은 지금도 내 마음에 고스란히 남아 있다.

물찻오름 진입로(지금의 사려니 숲길 입구)로 들어서자 새로운 햇살이 울창한 교목들 사이로 수만 개의 빛줄기를 쏟아내고 있었다. 처음 보는 광경이었다. 나의 시선은 결박당한 몸처럼 꼼짝 못하고 빛줄기를 바라보았다. 겨우 정신을 차리고 몇 걸음 걸으며 그 빛을 온몸으로 맞았다. 작은 잎이 바람에 몸을 흔들어 내게 손짓하고, 숲이 내는 미세한 냄새는 내 후각까지 장악했다. 나의 오감은 그렇게 숲에 녹아들어가 버렸다. 그리스의 의학자 히포크라테스는 "자연은 모든 병을 치유한다."고 말했다. 숲에 들어선 내 몸이 병균 하나 없는 완벽한 상태라는 느낌이 들었다.
(문신기·문신희, 제주 오름 걷기여행, 디스커버리미디어, 2012)

제주엔 스타벅스나 백화점 대신 바닷가가 훤히 내려다보이는 '물고기'라는 고즈넉한 카페가 있고, 할머니들의 정이 듬뿍 느껴지는 민속 오일장이 있다. 또 걸어서 10분이면 바다를 구경하며 분위기 좋은 펜션에서 하룻밤 묵을 수도 있다. 제주 생활 중 가장 즐거웠던 것은 왠지 모를 '우울한 기분'이 찾아왔을 때 해안도로를 내달려 나만 알고 있는 '아지트'에서 나만의 시간을 가질 수 있었다.

그 중 제주에 사는 사람들과 육지에서 온 사람들 모두를 만족시킬 만한 곳이라고 한다면, 초밥을 먹을 수 있는 횟집들이 아닌가 한다. 대표적인 곳이 용두암 앞에 있는 '용출횟집'이다. 여기서 말하는 초밥은 우리가 흔히들 먹고 있는 다양한 생선들이 올라가 있는 게 아니다. 회를 주문하면, 그야말로 아무 것도 얹지 않은 초밥을 내준다. 그런 다음 초밥에 자리돔 젓갈을 넣어 깻잎으로 싸먹는다.

우도에 처음 놀러 갔을 때 택했던 방법이다. 자전거는 배에 싣고 가도 되고, 우도 항에 도착해 그 앞에서 빌려도 된다.

자전거를 타고 우도를 여행할 때 좋은 점은 페달을 밟는 속도에 따라 우도가 내게 다가온다는 점이다. 느리게 갈 땐 우도의 풍경도 그만큼 천천히 그러면서 또렷이 머릿속에 새겨진다.
(임지혜·김진양, 제주 느리게 걷기, 페이퍼북, 2011)

바다와 세화시장을 한데서 만나는 일은 얼마나 갸륵한 풍경인가? 맑은 바다는 갯것들을 품고, 갯것들을 먹고사는 그곳 사람들을 품고, 그곳 사람들의 장소와 시간을 겪으려 하는 여행자들을 다시 품는다. 꼭 뭘 사지 않으면 어떤가? 시장은 자본을 유통하는 곳이 아니라 삶을 교환하는 곳이다. 돈 한 푼 치르지 않고 얻을 수 있는 장터의 활발한 생동감과 눈이 시원해지는 맑은 세화바다는 덤이고 공짜다.

종달의 바다는 특이하다. 부드럽기로는 금릉의 모래밭에 뒤지지 않고, 투명하기로는 김녕해변과는 비교가 안 될 만큼, 월정리 해변은 질풍노도의 업이 되어 만들어진 잔잔한 바다와의 어울림은 어머니 품속 같았다. 초생달을 품은 월정리 해변 야경은, 오돗이 들려오는 작은 음악소리는 오케스트라를 연주하는 느낌과 바다의 잔잔한 포말은 생생하리만치 조작되어 버린 19년간의 학창 시절의 추억과 흔적이었다.

내 가슴은 무참히도 뭉개 버리고 말았다. 종달 모래바다는 어느 바다보다 아름다웠다. 간혹 들러 그 풍경을 누리는 이들은 대개 가까운 데 사는 주민들이다.

동그랗고 말간 조약돌이 반짝반짝 빛나는 바다. 대로도 없는 작은 마을에 기대 내로라할 관광지로 꼽힌 적 없으면서도 소박하게 빛나는 바다. 달의 지휘에 맞춰 희고 푸른 옷자락을 펄럭이며 매번 다른 교향곡을 연주하는 섬세하고 사려 깊은 바다.

귀를 기울일 때 가장 황홀해지는 바다 한 곳이 섬의 북서쪽, 제주도 제주시 내도동에 자리 잡고 있다. 몽돌 바당 또는 알작지 해변에 쌓여 있는 조그마한 몽동(자갈돌)이 자작자작 쌓이고 그 몽돌 사이를 쓸어주는 파도 소리가 특별한 음계를 만들어 눈을 감고 있어도 머릿속까지 생생히 차오르는 바다가 바로 알작지, 몽돌 바당이다.

중문은 제주의 해수욕장 가운데 흔치 않게, 아주 남성적인, 야성이 넘실대는 거칠기 그지없는 바다. 이곳을 바라보다 보면 이상하게도 여성의 강인함을 느끼게끔 만든다. 지나친 과잉은 어쩌면 결핍인지도 모른다. 또는 그 반대일 수도 있다.

제주를 상징하는 빛깔은 어떤 것일까?

나는 햇살을 받아 은빛으로 반짝이는 아침나절의 서귀포가 그 색깔 중 하나라고 믿는다. 서귀포에 간다면 반드시 이곳에 한 번 들러보길 권한다. 지독한 빈궁 속에서 그가 그리고 또 그렸던 작은 은박지 그림들과 그의 아내와 주고받았던 슬프도록 다정한 편지들, 그가 꿈꾸었으나 결국 이루지 못했던 환상들이 그대로 남아 있는 이중섭 미술관과 집터를 보다가 눈물이 나면 그가 그랬듯 잠시 눈을 돌려 넘실대는 서귀포 푸른 바다를 돌아보는 나약한 감정은 인간 모두가 다 아름답다. 이중섭 미술관이 가르쳐주는 가장 큰 교훈은 바로 그것일지도 모른다.

(정원선, 제주 풍경화, 다남출판, 2010)

머릿속까지 물들일 것 같은 바다, 지친 마음을 달래주는 바람, 넋 놓고 바라보게 되는 풍경. 바쁜 일상에 쫓겨 허덕이며 하루하루 사는 일상, 그 숨 가쁨 속에서 무언가 허전하고, 누군가가 그립다.

더 이상 복잡한 마음을 주체할 수 없어 비워야 한다면, 이젠 더 이상 망설이지 말고 떠나야 할 때 돌담에 스민 따사로운 햇살과 투명한 에메랄드 빛 바다, 자유를 속삭이는 푸른 바람이 당신을 부른다.

외국의 휴양지에서나 누릴 수 있다고 생각했던 일상에서 탈출하여 여행이 주는 소소한 행복과 일탈과 쉼. 이 모든 것은 결코 멀리 있지 않다.
　제주는 더 이상 시즌에만 갈 수 있는 여행지가 아니다. 저가 항공의 보급으로 제주는 언제든 훌쩍 떠나 리프레시를 할 수 있는 가까운 곳이자, 외국 여느 휴양지와 비교해도 결코 뒤질 것 없는 국내 최고의 여행지이다.
(김랑, 제주 하늘은 맑음, 나무수, 2010)

　제주도에서는 차가 움직이는 곳이면 어디나 드라이브 코스다. 어떤 길을 가도 섬 밖에서는 경험할 수 없는 '특별한 풍광'을 보여주기 때문이다. 그럼에도 불구하고 사시사철 제주의 도로를 달리는 관광버스와 렌터카들이 '이왕이면 그 길로!'라고 외치며 편애하는 도로가 있다.
　한라산 허리를 가로지르는 1131번국도, 일명 516도로가 그 대표적인 길이다. 한라산 산신제를 지내는 산천단을 비롯해 관음사, 제주마방목지, 절물자연휴양림, 숲 터널, 돈내코 유원지까지. 516도로가 안내하는 관광지는 제주의 대표적인 볼거리들이다. 굳이 어디에 들르지 않더라도 516도로는 차를 타고 달리기만 해도 제주의 많은 부분을 밟았다는 포만감을 준다.
　여행의 패러다임이 '느리게 걷기, 자세히 보기'로 바뀌고 있다. 확실히 걷기 여행 열풍의 진원지는 '올레'를 탄생시킨 제주다. 올레꾼들이 제주 구석구석을 누비면서 자연스럽게 제주에 있는 수많은 오름과 한라산 등산로와 숲길도 새삼 주목받고 있다.
　그럼에도 불구하고 다리를 최대한 움직이지 않으면서도 좋은 것은 놓치지 않을 방법이 없을까 궁리하는 '게으른' 여행자들도 분명히 있다. 나 또한 그 부류에 속한다. 제주에 내려가면 이대로 차에서 내리지 않고 계속 운전만 해도 괜찮겠다는 생각이 들 때가 많다. 창을 활짝 열어 놓고 구불구불 이어지는 해안 일주도로를 달리는 것도 좋고, 파란 하늘과 너른 들판을 보면서 곧게 뻗은 직선도로를 달리는 기분도 최고다. 올라갔다 내려갔다 반복하는 직선도로를 달리다 보면 하늘 위에 떠 있는 거대한 초록색 융단 위를 달리는 기분이 들기도 한다.

제주는 비가 억세게 내리는 곳이다. 허나 구멍 난 땅은 비를 가두지 못하고 죄 흘려보낸다. 그래서 사람 먹을 물이 부족하다. 다행히 해발 300미터 이상의 산촌과 해발 100~300미터 사이의 중산간 마을에 내린 비는 땅으로 스며들었다가 해발 100미터 이하의 해안가에서 솟아난다. 이 물을 용천수(湧泉水, Spring Water)라 한다.

화산 암반층을 타고 땅과 바다가 만나는 데서 터져 오르는 물이 솟는 곳에는 사람들이 모여들고 마을이 생겨났다. 상수도 시설이 정비되기 전 용천수는 제주를 먹여 살리는 젖줄이었다. 이제 제주의 많은 용천수는 관광 용도로 활용된다. 과물노천탕은 그 대표작이다.

제주에 올레 말고 걸을 만한 길이 또 있나요? 제주 사람 셋에게 물으니 '사려니 숲길'을 일러주었다. 그들은 '사려니 숲길'이라고 했을 텐데 귀에선 말은 '사련(思戀)의 숲길'로 들렸다. 도로 물어볼 생각을 하지 않은 건 그렇게 믿고 싶어서였을까. 그곳에 가면 '연(戀)'의 실체를 볼 수 있으리라는 막연한 믿음과 바람이 일었다.

유유자적(悠悠自適)의 원래 뜻은 '속세를 떠나 아무 속박 없이 조용하고 편안하게 살다'로, '멀 유(悠)자'를 두 개 겹쳐 쓴다. 산속 깊은 곳 외떨어진 낡은 집에서 은둔하는 도사의 삶이 묻어나는 사자성어이다. 나로 말한다면, 여기서 한 글자쯤은 '놀 유(遊)'로 바꾸어 쓰면 대략 들어맞지 않을까 싶다. 멀리 조용한 곳으로 가서 놀며 편안하게 살다.

써놓고 보니 딱 베짱이의 삶인데 이것이야말로 내가 지향하는 여행의 모델이자 내 인생이 대충 굴러가는 모양새이기도 하다. 도시인으로 반세기를 살아온 내가 처음부터 그런 삶만을 누려왔다면 벌써 굶어 죽었기 십상이겠지만 제주에서는 정말 농담처럼 그런 날들이 다가왔다.

(조미락, 제주에서 행복해졌다, 컬쳐그라퍼, 2010)

  환상의 섬 제주는 2002년 생물권보존지역 지정에 이어 2007년 제주화산섬과 용암동굴이 세계자연유산에 등재되었고, 2010년에는 세계지질공원에도 그 이름을 올렸다.
  제주는 자연환경의 노벨상이라 불리는 유네스코 지정 트리플 크라운을 달성하면서 진정 세계인이 보존해야 할 보배로 인정받았다.
  제주를 세 번 이상 보고 둘러보아야 제대로 제주의 풍광과 전통문화를 이해하고 반해서 제대로 제주를 이해할 수 있다. 처음 제주를 찾는 여행객은 육지와는 전혀 다른 제주의 신선한 바다와 하늘에 반할 수밖에 없다. 깊고 푸른 제주 바다는 여행자에게 늘 향수를 불러일으키는 묘한 매력을 갖고 있다. 검은 현무암이 바닷가에서 눈부시게 빛나는 흰 모래를 보듬고 살랑거리는 에메랄드 빛 얕은 바다를 만났을 때는 지중해의 하늘보다 더욱 파란 제주의 하늘과 더불어 그 순간만큼은 세상의 모든 시름이 순식간에 사라지고야 만다. 그리고 그 제주의 바다와 하늘은 오래도록 기억에 남아 다시금 찾아오도록 손짓하고 부른다.
  두 번째 제주를 찾는 여행자라면 한라산과 오름, 제주의 땅과 풍물에 반한다. 구멍 숭숭 뚫린 제주 돌에 반할 것이요, 그 돌로 지은 납작한 집과 담장 아래 하얗게 줄지어 피어나는 수선화에 반할 것이다. 제주 바닷가 어디에서나 가장 높게 보이는 한라산 꼭대기에 올라 흰 구름 가득 담고 있는 백록담을 만나는 순간, 제주는 운명인 양 강렬하게 가슴에 꽂히고야 만다. 사방 둘러보아도 하늘과 구름, 그 아래 망망대해일 것 같은 1,950미터 한라산 아래 올망졸망 장난치는 삼백육십 여개의 오름이 눈에 들어오는 순간부터 그대는 제주에 제대로 반하기 시작한 것이다.
  세 번째 제주를 찾을 때쯤이면 한라산 소주며, 제주막걸리, 자리물회와

멜조림이 좋아지기 시작한다. 차갑고 거친 파도를 헤치며 물질하는 제주 해녀의 숨비 소리가 음악이라도 되는 양 아름답게 들리고 한라산 중산간 지대의 황량하고도 쓸쓸한 풍경이 시선에 들어올 때 좀처럼 마음을 열지 않는 제주 사람들이 그대의 가슴에 슬며시 들어오기 시작한다.
 (김우선·오희삼·이종진, 터치아트, 제주 여행사전, 2011)

제주 올레길 주민행복사업 올레길 걸어보니, A day Away Awesome Jeju 자연이 준 느림의 미학, 다시 걷고 싶다. 제주관광의 변화를 예고하기 위한 풍광/ 체험관광을 어떻게 준비해야 하나? 그것은 보는 관광에서 걷는 관광, 그 매개체는 1차 산업과의 연계이다. 그것은 도민들이 생활을 함께하는 해녀 체험 해산물 잡기, 보말 잡기, 조개 파기, 감귤 따기, 마늘. 양파, 당근, 생강 작업 돕기 등이 있다. 무엇보다 환경과 생태의 중요성이 인간에게 미치는 영향이 커져가는 시대에 환경을 보전하고 가꾸어야 할 생태관광자원을 보존하는 것이다.

제2장 제주의 생태관광 자원

문화종의 다양성과 문화상징

　나무가 살아온 흔적을 나이테라 한다. 조개껍질에도 밀물과 썰물의 드나듦이 촘촘히 새겨져 있다. 나무나 조개가 그러할진대 인간생활의 흔적은 두말할 나위도 없다. 개인이나 가족의 역사에도 나름의 굴절과 이야기가 있듯이, 한 나라나 지역의 역사에도 세월의 흔적과 내력이 복잡하게 얽혀 있다. 따라서 그 흔적과 내력을 간직한 문화는 오늘을 살아가는 사람들에게 더없이 소중한 유산이 된다.
　제주의 문화 역시 바람찬 바다와 함께 제주도에서 이루어졌던 제주인의 삶과 역사의 흔적이요 궤적이다.
　흔히 제주를 삼다(三多)의 섬이라 일컫듯이 이러한 삼다(三多)의 특징은 제주의 문화에도 고스란히 반영되어 나타난다.
　문화의 다양성 측면에서도 지역의 문화는 매우 중요하다. 아무리 세계화를 이야기하고, 실제로 세계가 빠르게 하나의 지구촌으로 연결되어 간다고 하더라도 개별 문화의 가치는 조금도 떨어지지 않는다. 오히려 세계화로 지구촌 시대가 도해할수록 문화의 다양성은 더욱 소중한 가치로 부각되고 있다. 따라서 제주도 입장에서는 제주의 지역문화가 가장 중요하고, 이를 '문화종 다양성'이라고 표현할 수 있을 것이다.
　'문화종 다양성'은 문화의 재평가 또는 재발견과도 일맥상통한다. 자연에서 '생물종의 다양성'이 요구되는 것처럼 세계화가 확산될수록 문화에서도 문화종의 다양성이 요구된다. 세계화란 이름으로, 또 국내의 일일 생활권이란 이름으로 사통팔달(四通八達)하는 시대가 되면서 각 국가나 지역의 수많은 언어와 복식, 음식과 주거 등의 생활문화가 사라져 가고 있는데, '문화종의 다양성'의 요구는 이러한 획일성에 맞서서 고유문화의 다양성을 지켜나가자는 것이다. 그런 점에서 제주도는 '문화종의 다양성'의 표본인 동시에 생태관광 자원의 보고인 셈이다.

세계화와 일일 생활권이 획일화를 강요하는 추세에 대해 뜻있는 사람들은 이런 현상을 대단히 심각하게 받아들이면서 대책을 마련하기 위해 노력하고 있다. 유엔이 '문화종 다양성 협약'의 체결을 유도하면서 고유문화를 지켜 나가자고 주장하는 것은 그만큼 개별문화가 소중하기 때문이다. '문화종의 다양성'의 표본인 제주도 역시 예외 없이 정체성의 혼란을 겪고 있으며 젊은 층으로 내려갈수록 혼란은 더욱 심해지는 형편이다.

'문화종의 다양성'과 관련하여 우리가 잊어버리지 말아야 할 것은 문화에 대한 포용능력이다. 우리 문화가 소중한 만큼 다른 나라나 다른 지역의 문화도 이해하고 존중하는 태도가 필요하다.

한국도 이제 다인종 사회로 변모하여 베트남, 태국, 몽골, 중국 등 아시아의 친구들을 비롯하여 세계 각국에서 모인 사람들이 함께 살고 있다. 우리의 민족문화와 토착문화, 고유문화를 지켜나가는 동시에 다양한 인종의 문화도 함께 이해하고 사랑해야 할 것이다.

그렇다면 제주도의 문화상징은 어떤 의미를 지닐까. 가장 토착적인 문화가 가장 세계적 문화가 될 수 있다는 사실은 여러 측면에서 입증된다. 상징에 포함된 내용은 그야말로 제주의 역사와 삶을 고스란히 보여준다. 그것을 '탐라인의 숨결'이라고 부를 수 있을 것이다.

파도가 몰려오는 모래사장에도 결이 있고, 피부에도 살결이 있다. 살아온 '결'은 쉽게 드러나지는 않지만, 속일 수도 없고, 과장할 수도 없다. 깊은

뿌리를 밝혀내고, 굵은 줄기부터 잔가지까지 크고 작은 주제들을 포괄하지 않고서는 좀처럼 만져지거나 파악되지 않는 것이 나무의 결이다. 그런 만큼 결의 넓이와 깊이를 고스란히, 그리고 정확하게 드러내는 일은 매우 소중한 작업이다. 선정된 제주도의 문화상징을 활용하는 작업은 그러한 일들을 해내는 과정일 것이다.

왜 문화가 아니라 문화상징일까. 문화를 활용하는 작업에서 반드시 중심을 잡아야 할 것은 '문화' 그 자체가 아니라 '문화상징'이라는 점이다. 상징이란 무엇일까? 사물을 전달하는 매개(媒介) 역할을 하는 것을 통틀어 상징이라고 한다. 기호(sign)는 어떤 사물이 그 성질을 직접 나타내는 경우이고, 상징은 그것을 매개로 하여 다른 것을 알게 하는 작용을 가진 것으로서, 인간에게만 부여된 고도의 정신작용의 하나라고 한다. 따라서 상징을 찾는 것은 물속의 동굴을 탐색하는 것과 마찬가지일지도 모른다. 상징은 우리 마음과 행동 깊숙이 깔려 있는 그 무엇이며, 원형질, 심층, 저변, 속내 같은 말과도 관련이 있을 성싶다. 말하자면 상징을 이해해야만 문화의

속살을 이해하는 셈이다.

　오늘날은 '문화 콘텐츠의 시대'라고 한다. 문화 경쟁력은 한 나라와 지역의 운명을 걸 만한 든든한 무기라고 할 수 있다. 한류(韓流)는 바로 대한민국 문화의 국제 경쟁력인 것이다. 이와 같은 문화를 포기한다면 그 결과는 불을 보듯 뻔한 일이다. 제주도의 관광을 살리고 역사와 문화를 보존한다고 하면서 제주의 토착문화, 지역문화를 포기할 수 있을까?

　이번에 선정된 내용에서 누락된 것이 있을 수도 있겠지만, '문화상징'이라는 점을 염두에 둔다면 이들을 키워드 삼아 생태관광의 보고인 제주문화의 대부분을 충분히 설명할 수 있을 것이다. 제주문화의 이름과 자리, 위상을 분명히 알고 문화의 정체성을 되찾는 일이야말로 생태관광의 바탕이 되는 제주인의 삶의 보고를 재확인하는 지름길이라고 생각한다.

제주의 상징물 99개 재조명

제주문화예술재단은 2007년 12월 자연생태 분야 23개, 역사 분야 24개, 사회 및 생활 분야 28개, 신앙·언어·예술 분야 24개 등 4개 분야에서 99개의 제주 생태관광 상징물 후보를 선정한 바 있다. 상징물과 선정 이유의 내역은 아래와 같다.

자연생태 분야 23

번호	제주생태관광 상징물	선 정 이 유
1	한라산	제주를 대표하는 자연경관의 상징체.
2	오름	제주를 대표하는 경관의 요소이자 관광자원.
3	용암동굴	제주만이 지니는 독특한 화산 동굴이자 관광자원.
4	돌담	돌의 고장임을 알리며 제주 전역을 수놓는 중요한 미학적 요소.
5	곶자왈	제주 생명수의 함양지이자 상록활엽수의 주요 서식지.
6	제주마	조선시대 국마(國馬)의 보고.

번호	제주생태관광 상징물	선 정 이 유
7	제주한란	제주의 대표적인 난초.
8	마라도	대한민국 영토의 최남단에 있는 섬.
9	바람	삼다삼무의 요소로 제주의 자연환경을 단적으로 상징.
10	성산일출봉	특이한 수성 화산체이자 대표적인 관광지, 아울러 시와 수필 등에 많이 등장하는 오름.
11	왕벚꽃나무	제주토종의 대표적인 나무.
12	내창	육지부와는 다른 독특한 하천 경관을 보임.
13	용두암	제주를 대표하는 용암기석으로 전국적인 관광명소.
14	용천수와 봉천수	제주도민들의 생명수 역할.
15	아흔아홉골	한라산 중턱에 있는 기암절벽.
16	영주십경	제주의 가장 아름다운 산수경관 10곳.
17	해안일주도로	해안 지역 주민들의 교류를 왕성하게 한 대표적 도로.
18	검은도새기	제주도민과 함께 해온 토종 돼지.
19	제주개	제주산 토종 개(犬).
20	검은쉐[黑牛]	제주재래 흑우.
21	제주토종닭	제주를 대표하는 토종닭.
22	산방산	특이한 (용암)돔형 화산체이자 제주 대표 관광지.
23	폭낭(팽나무)	도민들의 쉼터 역할을 해온 상징나무.

역사 분야 24

번호	제주생태관광 상징물	선 정 이 유
1	삼성혈	탐라국의 발원지.
2	고산리 신석기 유적	교과서에 수록된 한반도 最古의 신석기 유적.
3	제주목관아	조선시대 제주행정의 중심지.
4	관덕정	제주역사와 문화의 상징 공간.
5	항파두리 항몽유적지	고려시대 삼별초의 최후 항쟁을 보여주는 제주의 유적지.
6	환해장성	외침극복을 위해 제주사람들이 바다를 돌아가며 쌓았던 방어유적.
7	원당사지 5층 석탑	고려시대 제주 유일의 불탑이며 전국 유일의 현무암 탑.
8	제주 4·3	제주 현대사의 최대 비극.
9	유배의 땅	유배문화의 대표적 상징 공간.
10	하멜의 표류	'하멜표류기'의 하멜이 처음 표착한 곳이 제주임을 알림.
11	김만덕	조선후기 기민을 구제하고 임금까지 알현한 제주의 여성.
12	봉수와 연대	조선시대 변란에 대비한 군사 통신시설.
13	오현단	조선시대 제주 유림문화를 대표하는 서원.
14	제주도식 고인돌	제주 특유의 양식을 간직한 고인돌.

번호	제주생태관광 상징물	선 정 이 유
15	호적중초	조선후기 제주도민의 호구동태를 파악할 수 있는 자료.
16	삼양동 선사유적	기원 전후 탐라국 초기의 집단 거주를 보여주는 마을 유적.
17	잣성	제주중산간 목마장에 쌓았던 돌담으로 제주목장사의 귀한 유적.
18	진지동굴	현재까지도 잘 보존된 일제의 전쟁 준비 시설.
19	출륙금지령	1629년에 내려져 약 200년 간 취해졌던 조치로 제주의 해양문화를 단절케 한 결과를 가져옴.
20	법화사지	노비 280구를 거느렸던 고려 시대 사찰(내용에 수정사지 포함 서술).
21	고득종	조선 세종 때 현재 서울시장 격인 한성부 판임 역임.
22	읍성과 진성	조선시대 제주의 읍치 행정을 보여주던 성곽과 군사방어 성곽.
23	탐라	고려시대 고려 중앙정부의 한 지방으로 편입되기 전 제주에 존재했던 국가의 명칭이자 제주를 뜻하는 상징적인 단어.
24	사람발자국화석	신석기 시대 제주지역의 화산활동과 인류의 삶을 보여주는 중요 유적.

사회 및 생활 분야 28

번호	제주생태관광 상징물	선 정 이 유
1	해녀	전 세계적으로 제주도를 비롯한 한반도 연안부와 일본에만 존재하는 여성 해녀항일, 해신당, 해신제, 해녀복 포함 서술.
2	원(垣)	돌을 쌓아서 고기를 잡는 어법으로 '원담', '갯담'이라고도 함. 육지부에서는 돌살이라고 하는데, 세계적인 분포를 보인다.
3	테우	제주의 전통배로 미역이나, 감태 등 해초작업을 할 때 사용, 한라산의 구상나무를 해다가 12개의 통나무를 이용한 원시 배.
4	이어도	제주인들의 이상향이며, 현실적 고난을 극복한 낙원이며, 유토피아.
5	갈옷	풋감 즙을 물들인 전통적인 노동복.
6	허벅	물을 담아 등짐으로 져 나르는 허벅은 여성의 상징, 생명의 상징임.
7	정낭(정주목)	대문의 역할, 이웃과의 신뢰 및 정보소통의 상징.
8	제주초가	바람에 불리지 않게 바둑판처럼 엮은 지붕이며 굴묵 등, 구조와 건축재의 지혜가 담긴 독특한 미감.

번호	제주생태관광 상징물	선 정 이 유
9	테우리	마소를 봄에서 가을까지 한라산 기슭에 내몰아서 야생에서 자유롭게 키우는 목동.
10	귤	조선시대부터 제주를 상징하는 과일
11	말총공예	제주마의 꼬리털을 이용한 수공예(망건, 탕건, 총모자)
12	빙떡	메밀가루에 무채를 소로 넣어 만든 떡.
13	자리회	전통적인 여름식품. 우수한 단백질원.(자리젓, 자리구이 포함 서술)
14	소금빌레	돌 암반을 이용하여 소금을 만들던 곳으로, 애월읍 구엄리 돌소금밭이 전국적으로 유일함.
15	수눌음	밭 갈기, 김매기, 추수 같은 노동을 서로 도우며 해결해나가는 수눌음 등 공동체정신.
16	돗통시	생태 사이클을 보여주는 돼지우리.
17	정당벌립	띠를 이용한 우비는 노숙에서 이불 겸용, 댕댕이 덩굴로 짠 모자는 우산이며 가시덤불을 헤치고 가는 방패. 다목적 테우리 장비.
18	오메기술·고소리술	차좁쌀로 빚은 제주도 특유의 막걸리와 소주.
19	물방애	조랑말을 이용하여 잡곡을 도정하는 연자마.
20	애기구덕	대나무로 짠 애기구덕은 밭에까지 이동하는 육아용 요람.

번호	제주생태관광 상징물	선 정 이 유
21	모둠벌초	문중벌초. 음력 8월초하루 자손들이 모여들어 공동체 인식다짐. 벌초방학이 있는 곳은 제주도뿐.
22	입도조	제주에 처음 들어온 선조를 일컫는 총칭. 혈연의 구심점으로서 상징성이 매우 뚜렷함.
23	궨당과 삼춘	혈연으로 맺어진 친족집단의 총칭. 사돈에 팔촌이 모두 궨당이라고 할 만큼 혈연의식이 깊음. 가문잔치, 조상 포함 서술.
24	몸국	돼지 삶은 국물에 몸을 넣어 끓인 국. 잔치나 상가에서 나오는 제주공동체음식.
25	개말(포구)	배를 매어 두는 장소이며, 외부문화를 수용하고 다시 자신들의 희망을 실어 나르는 곳.
26	종지윷	제주도 특유의 윷놀이로 일명 '종지윷'이라 함. 타지방 윷과 다름.
27	고팡물림	며느리에게 열쇠를 물려두는 일. 집안의 경제권을 물려준다는 의미로, 며느리에게 고팡의 열쇠를 건네주는 행위.
28	번쉐와 멤쉐	밭 안에 소떼를 모아 똥오줌으로 밭을 걸게 하는 것은 번쉐, 멤쉐는 집에서 메어두고 일하는 소.

신앙·언어·예술 분야 24

번호	제주생태관광 상징물	선 정 이 유
1	신구간	모든 신들이 승천한다는 시기. 오늘날도 강하게 전승되며 대부분 이때 이사를 함.
2	제주굿	당굿, 큰굿 무혼굿 등에 이르기까지 생명력 강하게 전승되고 있음. 무형문화재적, 학술적, 예술적 가치가 매우 큼.
3	방사탑	마을의 액을 막기 위해 공동으로 쌓은 탑. 문화재적인 가치가 매우 높음.
4	칠머리당 영등굿	건입동 칠머리당에서 치러지는 영등맞이굿과 영등송별굿인 무속의례. 영등신과 용왕신에게 해녀와 어부가 한해의 풍어와 조업안전을 기원함.
5	제주어	국어학적 가치가 높고, 지역문화가 잘 드러남.
6	걸궁	농악의 일종으로 마을과 집안의 안녕을 기원하는 의식이 담겨 있음. 지금도 마을마다 걸궁패가 있고 행사 때 많이 공연됨.
7	탐라순력도	18세기 초 지방순력의 실상을 보여주는 유일한 화첩.
8	내왓당무신도	제주무속의 특징이 드러나는 무신도임.
9	추사와 세한도	추사체가 완성된 본 고장, 추사 적거지 포함 서술.
10	제주민요	제주 노동요의 특성이 드러남.
11	설문대할망	제주도 창조 여신.

번호	제주생태관광 상징물	선 정 이 유
12	돌하르방	제주를 대표하는 석상.
13	동자석	제주도 무덤의 수호 석상.
14	동서자복	사람의 수명과 행복을 관장하는 신으로, 복신 미륵(福神彌勒)이라고도 함.
15	당	신들을 모시는 당, 학술적 문화재적 가치가 큼.
16	포제	마을의 안녕을 기원하는 유교식 포제와 무교식 당굿.
17	심방	제주기층문화의 상징인 무속의 으뜸 상징.
18	입춘굿	입춘 맞이 관민합동 풍농(豐農)굿.
19	영감놀이	도깨비 탈을 쓰고 영감으로 분장한 도깨비 놀이굿.
20	자청비	사랑과 곡물의 여신.
21	본풀이	제주도 서사무가의 전반적인 특징이 드러남.
22	한라산신	한라산을 하나의 신으로 관념하는 것, 또는 한라산에서 솟아난 남성 신들의 영웅담으로 구멍에서 솟아났다는 삼성신화와 연결성이 있음.
23	삼승할망	출산과 육아를 도와준다는 신(육지와 달리 신화가 있음).
24	넋들임	사람이 놀랬을 때 넋이 나갔다고 믿어서 넋을 들여놓는 무속의례.

제주 생태관광 자원

　제주의 문화유산은 오랜 세월 척박한 자연과 변방의 역사라는 환경을 극복하며 만들어낸 제주만의 자원으로 생태관광의 바탕이 되는 것이다. 따라서 제주 또는 제주인의 정체성 논의에서 제주문화와 제주의 문화유산이 중심이 되는 것은 당연하다. 특히 '문화의 시대'로 일컬어지는 오늘날은 문화가 자산이 되고 경쟁력이 되는 시대이며, 제주문화는 그러한 측면에서 무한한 잠재력을 지니고 있다.
　문화는 자연환경과 밀접하게 연관되며, 화산섬 제주도의 경우는 돌과 관련된 문화로 상징화된다. 의식주를 비롯하여 신앙의 표상까지도 돌로 만들어진 것이 많기 때문에 제주는 돌과 관련된 문화 또는 문화 상징만으로도 무한한 가능성을 내포하고 있는 셈이다. 제주문화의 본질적 의미를 정신사와 문화사의 측면에서 찾아내고 제주 사람들의 정체성을 밝히고자 하는 경우에도 '돌'의 문화는 중요한 키워드가 될 수밖에 없다.
　제주문화의 본질적 의미를 찾는 작업은 한국문화의 보편성을 바탕으로 제주문화의 특수성을 밝히는 데서 출발해야 한다. 이런 노력을 통해 제주문화 특유의 문화원형을 발굴함으로써 생태관광의 상징물과 문화유산을 다각도로 활용하는 방안을 모색하고, 문화산업이 주도하는 21세기에 걸맞게 제주문화의 세계화 등 발전 방향을 제시할 수 있다.
　그런 관점에서 문화원형의 발굴과 본질적인 문화 콘텐츠의 연구에는 소홀한 채, 산업화(産業化)에만 몰두하고 있는 최근의 문화산업 정책들에 대해 우려하지 않을 수 없다. 따라서 제주문화콘텐츠산업이 실질적인 효과를 거두기 위해서는 먼저 제주문화의 원형에 대한 심층적이고 체계적인 조사와 연구 작업이 필요한 것은 두말할 나위도 없다. 아울러 제주문화의 상징물이자 생태관광의 상징물을 문화 콘텐츠로 발굴하기 위해서는 이것들의 의미를 파악하고 가치를 부여하여 스토리텔링을 하는 작업이 대단히 중요하다. 특히 스토리텔링은 자연을 정복의 대상이 아니라 상생의 존재로 여기는 생태의식을 반영한 내용이어야 한다.

자연분야 상징물

한라산

한라산은 해발 1,947.06m, 면적 약 1,820km²의 화산으로, 제주도의 면적 대부분을 차지하고 있다. 정상에 백록담(白鹿潭)이라는 화산호가 있다. 제주도의 중심을 차지하는 한라산은 엄한 부성애와 자애로운 모성애의 이미지를 동시에 간직한 영산이다. 산정호수인 백록담이 가마솥 같다고 해서 부악(釜岳)이라 부르기도 한다. 또는 삼신산 중의 하나인 영주산(瀛洲山)이라 부르기도 한다.

한라산의 정상은 둘레가 3킬로미터, 지름이 700미터로 고려시대까지 화산활동을 했던 곳으로 단일 지역에 분포하는 화산체의 수로는 세계에서 가장 많은 360여 개의 오름 군락을 이룬다. 오름으로 형성된 한라산의 미로는 제주 신화의 발상지이며 전설의 고향이기도 하다.

고(高), 양(梁), 부(夫) 삼성에 의한 탐라왕국의 개국, 민간신앙인 본향당신, 진시황제의 불로초와 이를 캐러온 서복의 전설, 신선이 타고 다니는 백록의 전설, 제주를 창조한 설문대할망 등의 전설과 신화를 품고 있는 한라산은 대자연의 영감을 불러일으켜 삶의 활력을 창출하는 동시에 용트림하는 제주의 역동성을 상징한다.

돌담

    삼다(三多)의 섬 제주도라 '돌챙이'라는 돌과 관련된 말이 우선 눈에 띈다. '돌챙이'는 돌담을 쌓는 사람(돌담쟁이)을 비롯하여 돌을 다루는 일과 관련이 있는 사람에 대한 설명일 성싶다. 세월과 더불어 가변성을 가지게 된 제주의 '돌챙이' 문화는 각종 도구, 석상 등에서 생활예술의 품격을 드러내고 있다.

    첫째, 돌담으로 무덤의 산담, 집담, 바당빌레, 고기 잡는 원담(갯담)에 이르기까지 돌과 자연환경을 조화시켜 아름다운 문화로 발전시켰다.

    둘째, 돌하르방은 문헌상으로 1918년 김석익(金錫翼)이 편정(編定)한 『탐라기년(耽羅紀年)』에 기록이 나온다. 1574년 영조 30년에 제주목사 김몽규가 성문 밖의 제주읍성 동3문에 세웠다는 것이다. 돌하르방이라는 명칭은 1971년 민속학자들에 의해 붙여진 이름이다. 돌하르방은 마을의 수호신이며, 주술적인 의미도 갖고 있다. 돌하르방은 제주도를 상징하는 석조물로서 다양성을 가지고 있다. 국가의 읍성을 축조할 때 세운 석상(石像)의 의미와 더불어 제주의 전통을 깔고 있다. 무덤 앞에 세워져 망자의 넋을 지켜주는 동자석의 예술적 가치도 상당하다.

    셋째, 방사탑은 마을의 수호신 역할을 한다. 풍수적인 차원에서 마을의 허한 곳을 채워주고, 지킴이 역할을 수행하는 마을의 수호신이다. 방사탑은 크기와 높이가 다양할 뿐만 아니라 예술성이 뛰어나 현대적 의미의 미술적 가치로 재현될 수 있다.

    넷째, 의식주 생활에 쓰인 살림도구로 보리를 찧는 밀방아, 보리통, 돌화로, 소주 고줏거리, 현무암 솥뚜껑, 연자매, 도구통, 돗통 등 돌로 만든 다양한 가재도구를 찾을 수 있다.

    이와 같이 "제주인은 돌 구들에서 태어나 돌담에서 놀고, 산담에서 죽는다."고 할 정도로 지천으로 널린 화산석과 일생을 함께 한다. 돌담은 외국에도 있고, 한반도의 다른 지역에도 있으나 제주의 돌담은 집담, 밭담, 갯담 등 자연의 풍광과 어우러져 아름다움을 창출한다. 제주의 풍광과 어우러지는 돌담의 가치를 재발견하고, 제주 돌담의 미적·기능적 가치를 모든 사람들에게 각인시키는 동시에 현대적 생활공간과도 접목시켜 나가야 한다. 돌담의 미학, 그것을 바탕으로 제주인의 삶을 조망할 수도 있다.

오름

오름은 화산 활동으로 형성되었다. 한라산 백록담을 제외한 소화산체로 형성되었고, 3단계 화산 활동으로 빚어진 독립분출체이다. 오름은 제주만의 독특한 풍광을 이루는 보석 같은 자연의 선물이다. 오름은 마을 형성의 모태이자 신앙의식의 터였고, 민중항쟁의 거점이며, 외침(外侵) 때는 오름에 설치된 24개 봉수대가 통신망 구실을 했고, 생활수단인 목축의 근거지였다. 어머니 같은 존재인 오름은 오름 기슭에서 자라난 제주인과 생사고락을 함께해온 삶의 터전이자 영혼의 안식처였다.

제주시 210개, 서귀포시 158개 등 368개의 오름은 이탈리아 시칠리아 섬의 에트니아 산 오름 군락 260개보다 훨씬 많고, 단일 면적으로는 세계 최대의 오름 군락이라 할 수 있다.

특색 있는 오름으로는 삼별초의 항쟁 때 김통정 장군이 여몽연합군과 일전을 벌였던 새별오름이 어림비 벌판에 있고, 삼별초 항쟁의 마지막 결전을 치렀던 붉은오름은 70여 명의 부하들이 흘린 피가 오름에 스며들어 붉게 물들었다고 하는 역사의 현장이다.

4·3 당시 토벌대의 진압을 피해 11명의 주민이 피난해 있던 다랑쉬굴에 토벌대가 수류탄을 던지고 동굴 입구에 불을 지펴 질식사시키기도 했다. 9

살짜리 어린 아이까지 희생된 비극의 현장이다.

　물영아리 오름은 정상 화구에 습지가 형성되어 멸종위기 동물과 식물들이 온전히 보존되고 있다. 특히 양서파충류 등 체계를 이루고 있어 람사 습지로 등록되어 있다. 돗오름 자락의 비자림은 천년의 숲으로 2000여 그루가 산재되어 단일 수종으로는 세계 최대라 할 수 있다. 선흘리 거문오름에서 만장굴, 벵디굴, 김녕사굴, 용천동굴에 이르는 월정 용암 동굴계는 제주 섬의 생성과 화산활동을 연구하는 데 중요한 자료가 되고 있다.

　오름의 보존과 관리에 대한 의견도 나오고 있다. 곶자왈 등 오름 주변의 특성과 연계하여 체계적인 경관 관리 계획이 필요하고, 도로와의 접근성, 주변 연계개발 가능성 등 개발 여건에 대한 요소와 경관과 생태계의 보전 지구등급도 등 보존가치 요소를 종합적으로 고려하여 자연유산 지구별 환경변화와 방문객 만족도에 대한 모니터링 계획 등 표준지침(매뉴얼)을 마련해야 한다는 것이다.

　민간 부문이 동참하여 환경 친화적인 이용을 도모하면서 개발은 최소화하되 생태환경을 해치지 않는 건전하고 지속가능한 개발이 가능하도록 오름에 따라 구분하여 관리할 필요가 있다. 생태관광 등 휴양지로의 이용을 유도함으로써 오름 경관의 차별성을 유지하고, 오름 경관 주변의 각종 시설과 건축물, 오름 사면 또는 주변에서의 송이 등 채취, 오름 사면의 절개, 방송탑·통신탑·송전탑의 설치, 오름 절개면 복구 작업, 경관을 해치는 진입도로 등을 제한하고, 역사·문화 유적의 복구, 오름의 조망을 저해하는 도로변 가로수 관리 등이 필요하다.

　아울러 세계자연유산 지정을 계기로 경제적 파급효과를 극대화하기 위한 대책을 세워야 한다. 문화경관 개발 관리체제 및 국제 네트워크 확대, 세계자연유산의 보전과 관리, 그리고 어린이 오름 공원화의 연계 경관 시설로 우수조망경관을 조망할 수 있는 전망대 설치 등을 서둘러야 한다. 우수경관 명소를 역사 유적과 연계시켜 안내하고, 역사·관광·경관 명소를 활용하여 오름 통합브랜드를 개발하며, 수건, 안내지도, 팸플릿 등 홍보용 툴(tool)이나 관광 상품개발로도 연계시켜야 한다.

이런 노력의 결과를 이용하여 하늘 관광을 개척하고, 지질특성 보전 및 세계자연유산, 생물권 보전지역, 람사 습지 등을 활용한 세계적 브랜드화의 오름 경관 관리 가이드라인을 수립하여 방문객 센터 운영, 체험 코스 개발 등을 시도하는 동시에 제주에 있는 하논 등의 마루 형 분화구 경관을 활용한 고유의 자연환경 및 생태자원을 활용한 체류학습 형 프로그램 개발과 오름 체험관 건립, 생태관광 모델 개발 등이 시급한 실정이다.

정보화를 넘어 4차 산업혁명시대로 일컬어지는 오늘의 시점에서 문명화가 크게 후퇴한 옛날의 생활 모습을 그대로 담아내는 데는 어려운 점이 따르겠지만, 지구환경의 위기와 관련하여 지속가능한 개발에 대한 인식이 필요하고, 사라져가는 생태문화 계승의 측면까지 고려하면 적어도 몇몇 지역에서 지속가능한 개발의 전형이며 생태환경과 문화전승의 장을 함께 제공할 수 있는 제주다운 오름 경관을 조성하는 것은 최소한의 필요조건이라 할 수 있겠다.

제주는 독특한 자연을 바탕으로 곳곳이 관광자원으로 개발됐지만, 아직 신비를 간직한 채 사람의 손길을 덜 타고 있는 자연도 있다. 한라산을 중심으로 동서 방향으로 길게 흩어져 있는 오름들이 그렇다. 오름은 산굼부리가 있는 조천읍 교래리 일대에 특히 많이 몰려 있다.

오름은 '오르다'의 명사형으로, 독립된 산 또는 봉우리를 이르는 제주말인데, 한라산 자락에 산재하는 기생화산들을 일컫는다. 오름의 이름은 주로 '○○산'이나 '○○악' 또는 '○○봉'이라고 하는데, 그렇게 구분하는 뜻

렷한 기준이나 규정이 있는 것은 아니다.

  대개 오름에는 '굼부리'라는 분화구가 있고, 분화구의 형태도 가지각색이어서 산방산처럼 화구가 없는 원추형이 있는가 하면, 산굼부리 같은 원형도 있고, 한쪽 부분이 열린 U자 모양의 말굽 형이나, 원형 또는 말굽 형이 복합되어 있는 것도 있다. 더러는 백록담처럼 분화구에 물이 고인 산정 못을 가진 오름도 있는데, 물장오리·논고악·동부악·어승생오름·패랭이오름·거문오름 등이 산정 못을 가지고 있다.

  옛날부터 제주 사람들은 오름 주변에 마을을 세웠고, 오름에 기대어 밭을 일구어 곡식을 키우면서 목축을 하여 생활했으며, 오름을 신앙의 텃자리로 신성시하는 한편, 죽어서는 오름에 뼈를 묻었다. 오름은 숱한 제주 설화의 발생지였으며, 오름에 외적을 살피고 위기상황을 연기나 횃불로 신호하는 봉수대를 설치하여 국난에 대한 방책을 세우기도 했다. 한편 일제강점기와 4·3항쟁 때는 제주 민중의 항쟁 거점이 되기도 했다.

  이렇듯 오름은 제주 사람들의 삶과 떨어져 생각할 수 없는 생활 터전이다. 제주 사람들의 삶과 자연의 참모습을 보려면 한나절쯤 시간을 내서 오름에 올라보는 것이 좋다. 오름은 멀리서 바라보는 오름의 산체보다는 그 속에 모습을 감추고 있는 굼부리와 정상에 올라 바라보는 그 주변 풍광이 더 인상적이다.

[네이버 지식백과]

역사분야 상징물

　제주는 고고학의 측면에서 새롭게 주목을 받고 있다. 제주 고고학의 기본 틀 속에서 새로운 성과들을 보완하여 선사문화의 형태를 설정하는 연구들이 진행 중이다. 이를 뒷받침하게 된 계기는 제주 고산리 유적, 삼양동 유적 등이 체계적으로 발굴되면서 많은 유물 자료가 나왔기 때문이다. 또한 역사에 대한 관심의 범위가 선사시대의 고고학에 국한되지 않고 제주 목관아지, 성읍 객사지, 법화사지, 존자암지, 수정사지, 고내 현청터 등 여러 시기에 걸친 역사 유적의 출토자료에까지 확장되어 제주의 역사에 대한 흥미를 불러일으키고 있다.
　제주도 내의 매장(埋葬) 문화재는 발굴된 유적 대부분이 문화재로 지정되어 보호·보존이 이루어지고 있다. 제주 목관아지(사적 390호), 항파두리성(사적 396호), 고산리 유적(사적 412호), 삼양동 유적(사적 416호)이 사적으로 지정되었고, 지석묘 24기가 지방기념물로 지정되어 있으며, 발굴했던 선사유적 중 곽지 패총, 북촌리 바위그늘집자리, 용담동 무덤 유적이 문화재로 지정되어 있다.
　역사 유적 중 법화사지, 존자암지가 문화재로 지정되었고, 일부 유적지는 복원 중이다.
　제주도 문화재를 보존하고 활용하기 위해서는 새롭게 강화된 문화재법의 적절한 적용, 매장문화재 발굴 전문기관 설립, 발굴된 문화재의 원상 보존, 문화재 주소록 작성, 문화재 행정 전문 인력의 확보, 제주 문화재의 상징물 선정과 다양한 문화유산 프로그램의 개발 등이 요구된다.

제주 4·3

4·3 사건은 1947년 3월 1일 경찰의 발포사건을 기점으로 1954년 9월 21일 한라산이 금족지역에서 전면 개방될 때까지 7년 7개월 동안 일어났던 일로, 공산 폭동이냐, 아니냐 하는 논쟁이 벌어졌던 현대사의 비극이다. 제주도 개벽 이래 가장 참혹했던 4·3사건에서 민간인 집단학살로 3만여 명이 죽고, 행방불명으로 알려진 3만여 명이 타 지역으로 도망갔다.

40여 년간 공산주의자의 폭동으로 주장되어 오던 제주 4·3사건은 2003년 10월 31일 국가공권력에 의한 인권 유린으로 규정되고 역사의 상처를 교훈삼아 평화와 인권의 정신으로 승화 시켰다. 토벌대는 해안에서 5㎞ 이외의 지역을 적성지역으로 설정하여 중산간 마을을 불태우고 학살을 감행했다. 어린 시절 고아가 되었던 한 주민이 "볶은 콩에도 새싹이 나는 법"이라고 했던 이야기에서 그 시절 삶에 대한 몸부림을 엿볼 수 있다.

사회생활분야 상징물

해녀

직업 특성상 해녀는 인간한계에 도전하는 일로 가정경제를 이끌었으며 이는 근대 제주경제에 지대한 영향을 미쳤다. 해녀는 상군 12, 중군 7, 하군 3으로 구분한다. 제주의 대표적인 해녀 노래, 해녀 조직에 관한 공동체 관습문화의 가치를 창조하고 전승하는 데 주도적인 역할을 담당했다. 해녀는 해양문화의 꽃으로 제주 여성의 탁월한 능력과 강인함의 상징으로 2003년 유네스코 정기총회에서 무형문화유산 보호협약으로 제주해녀문화가 세계적인 무형유산으로 인정될 가능성을 갖고 있다.
(2016년 유네스코 등재).
　해녀들의 활동영역은 한반도 남부 지역에서 북부, 중국의 다롄, 칭다오, 러시아의 블라디보스토크, 일본의 여러 지역 등이며, 특히 해녀의 물질기술은 연구하여 보존해야 할 가치가 있다. 현재 해녀의 수는 5,000여 명으로 40대 미만이 250명 정도이고, 7~80대가 75%이다.
(좌혜경, 해녀문화 전승과 보존, 과제와 전망) (양영수, 세계 속의 제주신화) (제주지역 농업발전연구소, 농촌관광 활성화 방법론, 2008)

　해녀 작업의 계승과 보존을 위한 해녀문화 전승 대책이 구체적으로 마련되어야 할 것이다. 해녀의 평균 나이가 이미 66세에 이르렀기 때문이다.

그분들이 해녀 잠수기술과 기량을 넘어서 생사를 넘나드는 물질 앞에 신기함, 놀라움, 감동, 경외감을 느끼면서 한편으로 제주 해녀의 강인함과 해녀문화를 전승·보존해야 하는 사명감에 대해 생각해보게 된다.

갈옷

제주 갈옷은 한과 꿈이 서려 있고, 자존심과 긍지를 갖고 있다. 갈옷 염색 체험장을 상시 운영하고 제주의 전통문화를 대표하는 브랜드로 키워 볼 만하다. 직경 3㎝정도로 씨가 많아 식용으로 맞지 않은 감을 1~2일 정도 바르면 색깔이 잘 나오고, 7~8월 직사광선에 일주일 정도 말리면 빳빳해져 2~3년 이상 입을 수 있다.

초생아인 경우 3일 지난 후에 목욕을 시키고 갈옷을 입혔다. 특히 제주 갈옷은 아토피성 피부염의 예방과 자연 치유에 좋다는 경험자가 많다. 친환경 소재로 멋을 창조하는 갈옷은 후손들에게 물려주어야 할 책임과 의무가 있다. 노동복이면서 일상복으로 경제적이고 친환경적일 뿐만 아니라 위생과 편의성에서도 뛰어난 합리적인 옷이다.

초가집

초가집은 볏짚, 밀짚, 갈대 등으로 지붕을 엮어 만든 집. 선사시대에 본격적인 집의 형태가 생겨날 때부터 20세기 중반까지 주로 서민들이 짓고 살았던 주택 형태이다. 제주도의 초가는 자연과 생태가 고스란히 담겨 있는 삶의 보금자리로서 제주의 전통문화를 총체적으로 보여주는 대표적 문화재이다.

건축문화의 고유성과 우리나라의 특색을 밝혀내는 학술자원으로 건축

양식을 통해 전통미학을 엿볼 수 있다. 자생적 공간미학의 논리성을 발견하고 이를 바탕으로 현대건축과 미래의 공통된 과제에 적용해봄으로써 지속 가능한 건축의 방법을 탐구하는 자료로 활용할 수 있다.

초가집의 건축학적 특징은 외부의 위협으로부터 가족을 보호하고, 그 안에서 휴식, 짝짓기, 새끼 키우기 등 모든 동물의 기본적인 욕구를 해결하고 삶의 행복을 찾는 곳이다. 주거의 조형 구조는 기후, 지질, 지형의 영향을 받아 지붕은 강인함, 인고, 절제, 안정, 원만함을 살렸으며, 기후에 알맞게 자연에서 채취한 단열 재료를 사용한 것이 특징이다. 공간구조는 안팎거리 집으로 안채는 가구주가 점유하고, 바깥채는 자식이 기거하면서 긴장감과 자립심, 결속력, 연대감, 공동체의식 등이 삶의 이야기로 오가는 비움이 공간이다.

비움이 공간은 중국에서는 원자 또는 천정, 일본에서는 정원, 한옥에서는 마당이라 부른다. 동양의 건축은 공간의 화해를 구현하는 예술이다. 이는 집단성, 풍부함, 다채로움, 정체성을 의미한다. 다시 말해 비움으로써 기가 쉽게 드나들게 하는 우주의 정체성이다.

감귤

천년의 재배역사를 갖고 있는 감귤은 제주경제를 성장시켜온 상징적인 작물이다. 1965년 감귤 증산(增産) 정책을 추진함으로써 급성장하였으며, 1989년 74만 6천 톤의 대량생산을 정점으로, 1991년 55만 6천 톤 생산 후 유통처리 문제로 아픔을 겪으면서 대학나무의 의미는 사라졌다. 홍보를 위한 축하잔치와 감귤 아가씨 선발대회는 26회를 끝으로 2007년부터 폐지되었다. 농업의 다원적 기능을 최대한 활용할 수 있는 주말농장, 청소년 교육체험장, 소규모 평 단위 분양 등을 적극 추진해야 하며, 감귤축제를 문화 상품화하여 농가 소득과 함께 축제의 장을 통한 지속적인 관광 상품 개발을 이루어야 한다.

신앙·언어·예술 분야 상징물

제주 굿

제주의 굿은 무악기의 장단에 맞춰 심방이 노래와 춤, 신화, 연극 등으로 구성되며, 한국 굿 가운데 제굿의 고형이 가장 잘 보존되어 있다. 한국의 원초종교가 무속임을 감안할 때 제주 굿은 신앙에 기반을 둔 신앙 의례가 있다는 데 의미가 있다. 제주 굿은 규모에 따라 큰굿과 작은 굿으로 나눌 수 있고, 큰굿인 경우는 3~4일 소요되며, 심방의 입방의례인 신굿은 4~13일이 소요된다.

이와 같은 의례 행위는 종교적 행위와 주술적 행위로 구성되어 있다. 굿은 제주인이 생활영역과 함께 전 영역에 걸쳐 행복과 불행을 좌우하는 의례로서 주로 여성들이 중심이 되어 행해진다. 제주의 신당은 어촌을 중심으로 100여 개가 있으며, 무속인은 300여 명으로 추산된다. (양영수, 세계 속의 제주신화)

각종 축제에서 굿을 실연하여 전통문화를 홍보하고 '굿의 자원화' 방안도 모색해볼 만하다. 제주 소리의 리듬과 하모니를 현대음악으로 활용하거나 신을 향한 행위(무속 춤)를 이용하여 현대무용과 접목시키는 시도도 가능할 것이다. 전통적인 제주 굿 문화의 관광 자원화(현대무용)와 제주 노래의 리듬과 하모니를 적용한 현대음악의 창작을 병행하여 축제 등에서 공연함으로써 한국음악의 독자적인 발전에 기여할 수도 있다.

제주어

언어는 사회적 관습이나 조직이 반영된 문화의 산물이며, 사람들의 사고방식을 대변하는 정신구조에 영향을 준다. 제주어는 제주인의 문화를 표현하는 매체이다.

제주어는 9개의 단모음과 20개의 자음체계로 접사의 다양성, 주체 높임법이 없으며, 질서정연한 문법적 특징을 지닌다. 중세 어휘의 보존, 한자어, 몽골 차용어 등은 제주어의 특징이기도 하다. 제주어가 사라지면 제주정신이 사라지는 것이며, 제주의 민속 문화가 소멸되는 것이라고도 할 수 있다. 따라서 제주어 관련 자료를 무형문화재로 등록할 수 있도록 해야 한다.

제주어가 15세기 훈민정음 창제 당시의 음운 목록을 유지하고, 고어를 많이 간직하고 있다는 것은 국어사 입장에서도 소중한 자산이다. 지금 제주어는 소실될 위기에 놓여 있기 때문에 체계적인 현지조사, 표기법의 통일, 동영상을 포함한 자료집 발간 등을 통해 원형만이라도 보존할 수 있도록 해야 할 것이다.

섬 속의 섬

제주는 섬이다. 제주 섬 말고도 우도, 비양도, 가파도, 마라도, 이어도, 차귀도 등 많은 부속 섬들로 이루어져 있다. 제주 섬에서 또 다른 섬으로 다시 한 번 여행을 떠나보는 것도 매력이다.

제주의 부속 섬들은 저마다 다른 강렬한 개성을 품고 있다. 시원한 바람과 매혹적인 풍광은 말할 것도 없다.

CNN은 2012년 '한국은 3300개 이상의 섬을 보유하고 있는 나라'라고 소개하며 '한국의 아름다운 섬 33개'를 선정해서 순위를 매겨 보도했다. 이 33개의 섬 가운데 제주도의 우도와 마라도가 포함되어 있다. 아름다운 섬 1위에는 선재도가 꼽혔고, 2위는 신의도, 3위는 홍도가 선정되었다. 섬은 그 자체로 생태관광의 자원이라고 할 수 있다.

  1. 선재도(Seonjaedo, 인천광역시 옹진군 영흥면)
  2. 신의도 또는 상하태도(Sinuido, 전라남도 신안군 신의면)
  3. 홍도(Hongdo, 전라남도 신안군 흑산면)
  4. 청산도(Cheongsando, 전라남도 완도군 청산면 도청리)
  5. 울릉도(Ulleungdo, 경상북도 울릉군 울릉읍 도동리)
  6. 덕적도(Deokjeokdo, 인천광역시 옹진군 덕적면)
  7. 우이도(Uido, 전라남도 신안군 도초면)
  8. 강화도(Ganghwado, 인천광역시 강화군 강화읍)
  9. 완도(Wando, 전라남도 완도군 완도읍)

10. 죽도(Jukdo, 경상북도 울릉군 울릉읍 저동리)
11. 거제도(Geojedo, 경상남도 거제시 거제면)
12. 외도(Oedo, 경상남도 거제시 일운면 와현리 한려해상국립공원)
13. 소매물도(Somaemuldo, 경상남도 통영시 한산면 매죽리)
14. 우도(Udo, 제주도 제주시 우도면)
15. 선유도(Seonyudo, 전라북도 군산시 옥도면)
16. 보길도(Bogildo, 전라남도 완도군 보길면)
17. 가거도(Gageodo, 전라남도 신안군 흑산면)
18. 거문도(Geomundo, 전라남도 여수시 삼산면 거문리)
19. 어청도(Eocheongdo, 전라북도 군산시 옥도면)
20. 관매도(Gwanmaedo, 전라남도 진도군 조도면)
21. 백령도(Baeknyeongdo, 인천광역시 옹진군 백령면)
22. 독도(Dokdo, 경상북도 울릉군 울릉읍 독도리)
23. 흑산도(Heuksando, 전라남도 신안군 흑산면)
24. 진도(Jindo, 전라남도 진도군 고군면)
25. 지심도(Jisimdo, 경상남도 거제시 일운면 지세포리)
26. 외연도(Oeyeondo, 충청남도 보령시 오천면)
27. 사도(Sado, 전라남도 여수시 화정면)
28. 안면도(Anmyeondo, 충청남도 태안군 안면읍)
29. 팔미도(Palmido, 인천광역시 중구 무의동)
30. 마라도(Marado, 제주도 서귀포시 대정읍)
31. 임자도(Imjado, 전라남도 신안군 임자면)
32. 소안도(Soando, 전라남도 완도군 소안면)
33. 효자도(Hyojado, 충청남도 보령시 오천면)

제주의 숲

　제주에는 바다와 올레만 유명한 것이 아니다. 걷기 좋은 숲길이 많다. 대부분의 숲길은 곶(숲)과 자왈(돌)로 되어 있는 곶자왈이기도 하다. 곶자왈은 빗물을 유입시켜 풍부한 지하수를 만들어내고 언제나 일정한 기온과 습도가 유지되어 다양한 식물들이 자생하기에 좋다. 제주의 허파라고 부를 수 있을 만큼 신비롭고 중요한 생태자원이다. 최근 곶자왈에 대한 관심이 많아지면서 예쁜 곶자왈 숲길이 많이 소개되고 있는데 그 중에서도 잘 알려지지 않았지만 걷기 좋은 숲길을 소개한다.
　제주 여행길에 한 번쯤 곶자왈의 숲길을 걸어보면 제주의 또 다른 매력에 푹 빠질 것이다. 독특한 생태지형을 갖춘 곶자왈의 몽환적인 풍경과 하늘로 솟아오른 삼나무 숲이 주는 웅장함을 자랑하는 제주의 숲은 어느 계절에 찾아가도 부족함 없이 반갑게 맞이하고 지친 심신을 신선하게 채워줄 것이다.
　먼저 비자림을 꼽을 수 있다. 마치 동네의 산책코스라도 된 듯 여유롭게 걸을 수 있는 비자림은 천연기념물 제374호로 지정·보호하고 있으며, 448,165㎡의 면적에 500~800년생 비자나무 2,800여 그루가 밀집하여 자생하고 있다. 나무의 높이는 7~14m, 직경은 50~110㎝ 그리고 수관의 폭이 10~15m에 이르는 거목들이 군집한 세계적으로 보기 드문 비자나무 숲이다. 옛날부터 비자나무 열매인 비자는 구충제로 많이 쓰였고, 나무는 재질이 좋아 고급가구나 바둑판을 만드는 데 사용되어 왔다.

비자림은 나도풍란, 풍란, 콩짜개란, 흑난초, 비자란 등 희귀한 난(蘭)과 식물의 자생지이기도 하다. 녹음이 짙은 계절, 울창한 비자나무 숲속의 삼림욕은 혈관을 유연하게 하고 정신적, 신체적 피로회복과 인체의 리듬을 되찾는 자연 건강 휴양효과가 있다. 또한 주변에는 자태가 아름다운 기생화산인 월랑봉, 아부오름, 용눈이오름 등이 있어 빼어난 자연경관을 자랑하고 있을 뿐만 아니라 가벼운 등산이나 운동을 하는 데 안성맞춤인 코스이며 특히 영화 촬영지로도 각광을 받고 있다.

사려니 숲길은 아마도 제주도에서 가장 유명한 숲길일 성싶다. 양쪽에 입구가 있고, 보통 중간 물찻오름까지 갔다가 다시 돌아오는 코스로 많이 가는데, 어느 쪽 입구로 들어가느냐에 따라 시간도 달라지고 난이도도 달라진다.

아무 정보도 없이 사려니 숲 주차장을 찍고 출발하여 사려니 숲 주차장→조릿대숲길→숲길입구(비자림로변)→물찻오름에서 돌아오기 코스를 선택했다가 복병인 '조릿대숲길'을 만나고 꼬불꼬불 오르락내리락하는 숲길을 등반(?)하며 한 시간쯤 걸었을 때 나타난 '사려니 숲길 입구'라는 간판에 눈앞이 캄캄해져서 "나는 누구? 여긴 어디?"를 외쳤다는 체험담을 인터넷에서 읽을 수도 있다. 그리고는 '남조로변 사려니 숲길'을 찍고 시작해야 편하다는 말도 덧붙였다.

절물자연휴양림은 숲도 예쁘고 길도 잘 닦여 있어서 아이들과 함께 오는 여행객이 많이 찾는 곳이라고 한다. 지인이 아이와 함께 제주를 방문했을 때 함께 다녀왔는데 확실히 숲의 매력을 느끼며 편하게 걸을 수 있는 곳이었다.

시원하게 뻗은 삼나무 숲과 버려진 창고, 가꿔지지 않은 매력이 담긴 비밀의 숲길을 소개하는 체험기도 있다. 관광지와는 다른 비밀스러운 분위기가 매력적이라 웨딩 촬영, 인생 샷의 명소로 꼽히는 곳이라고 한다. 실제로 관광지가 아니라 누군가의 소중한 사유지이기 때문에 제주에 살면서도 모르는 사람이 더 많다고 한다. 그래서 더욱 주의와 배려가 필요한 곳이라 쓰레기를 버린다거나 숲을 해치는 일이 절대로 없기를 당부한다.

제3장 제주 생태관광의 활성화

농촌마을 수입원 만들기

　특색을 살린 상품 개발은 농촌마을을 건설할 때의 관건이다. 우리 농촌에 부존하는 관광개발의 자원으로 우리가 활용할 수 있는 것으로는 농작업과 농산물, 생태환경, 자연경관, 역사와 문화, 또는 농촌생활 그 자체에 이르기까지 분명히 지역마다 마을마다 이미 관광의 잠재자원이 보는 시각에 따라 무궁무진하다고 할 수 있다.
　따라서 도시 수요자의 기대와 원하는 체험을 고려한다면, 농촌관광 개발은 도시의 흉내를 낸 관광단지를 조성하고 개발할 것이 아니라, 이미 농촌에 잠재되어 있는 농촌 고유의 유·무형 자원을 발굴하고 활용하는 것이 중요하다. 이러한 자원의 유형을 관광 상품으로 만드는 수단의 문제로 생활환경을 포함한 물리적 시설이나 자연환경의 정비를 비롯하여 축제나 이벤트 개발과 같은 연성적인 것도 포함되어야 한다.
　그 목적이 주민의 소득과 삶의 질 향상, 그리고 농촌 활성화에 있는 한 농촌관광은 주민이 관리할 수 있는 규모로 이루어져야 한다. 도시민과 농촌 주민이 교류하는 방식이 되어야 하며, 도농 교류는 단순히 그 자체의 뜻으로는 사람, 물품, 서비스, 정보, 문화 등의 제 측면에서 도시와 농촌의 상호관계를 말한다. 하지만 도농 교류의 가장 큰 특성은 도농 간의 양방향성, 반복성, 지속성으로 농촌의 특산물이나 서비스를 일방적으로 그리고 일회적으로 파는 유형의 교류와는 다르다.

농촌도 경영 마인드의 도입이 시급하고 그 주체는 지역 주민이 되어야 한다. 지역 주민의 한계를 극복하기 위해서는 지역의 산학관(産學官)이 협의하여 마케팅 전략을 수립해야 한다.

농촌마을 수입원 만들기 "예"

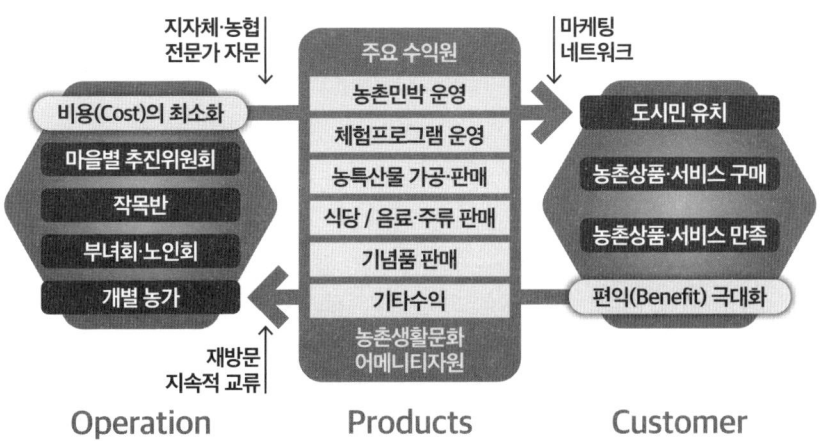

(제주지역농업발전연구소, 농촌관광 활성화 방법론, 2008)

마을단위 토속음식 개발

웰빙 시대에 걸맞게 지역에서 자생하거나 재배되는 계절별 무공해 산나물을 활용한 산나물 비빔밥 등의 음식 상품을 개발하고, 궁극적으로는 지역의 한방병원과 연계하여 웰빙 프로그램을 개발함으로써 장수마을 이미지에 어울리는 장수상품 개발이 필요하다.

지역에서 나는 신선한 농산물로 만든 음식을 제공하는 향토요리점을 운영하고 ①농가/마을(부녀회)/전문식당 연계 ②계절별 특선 요리, 평범한 가정 식단 ③농산물 판매 및 체험 프로그램과 연계 등을 시도해볼 수 있다.

빙떡, 각종 해산물 조림, 오메기술 등 제주토속 음식물의 가공 방법과 함께 전통음식물 판매→실제적으로 만드는 법을 강의하고, 지역의 주(主)농산물(감자, 당근, 양배추)를 활용한 레시피로 퓨전음식을 개발하여 체험하도록 한다.

농사·낚시·해녀·곤충 체험/관람장 조성

　농촌 체험여행을 통해 가족 단위 관광객과 청소년들에게 지역 농산물 재배 및 수확 체험 등을 활용하여 계절별로 10가지 체험 이상 농사체험을 할 수 있게 한다(봄 : 유채꽃 및 감귤 꽃따기 등).
　자연 친화적인 삶을 원하는 도시민들에게 휴식을 제공하는 공간으로 체험 학습장을 개발하며, 친환경 가족농(家族農)을 육성하고 도시민들이 농가를 선택하여 농사체험을 할 수 있도록 한다. 펜션 등 고급화된 숙박시설을 지양하고 제주의 전통적인 삶의 모습 그대로를 보여주는 민박 형태의 체험농장도 조성이 필요하다.
　실질적으로 제주에서 바다는 삶의 터전이지만 해녀들이 자신들의 작업을 구경하는 것은 극도로 싫어한다. 해녀들이 작업할 때 작업에 방해가 되지 않는 범위에서 스노클링(snorkeling)을 하는 체험 상품과 지역 바닷가에 해양 스포츠 및 문 섬에 견줄 만한 곳인 지역 앞바다에서의 스쿠버 체험 상품을 마련하고, 해녀들이 작업할 때의 숨비 소리도 관광 자원화하며, 밀물/썰물 때를 통한 해녀 작업시간을 인터넷 등으로 홍보한다.
　마을 현장체험 주요 프로그램의 예로는 ①텃밭 만들기, 씨앗 뿌리기, 새싹 가꾸기, 모종 심기, 감귤 꽃따기, 마늘 가꾸기 및 수확, 야생 약초 수확 등 농산물 재배와 수확(채취) 체험 ②선박을 이용한 주낙, 박수 낚시터에서의 낚시 체험, 해녀 작업 시 스노클링(snorkeling), 테우 체험, 스쿠버 체험 등 낚시·해녀 체험 ③친환경 퇴비 만들기, 가꾼 야채로 제주 토속 음식

물 만들기 등 만들기 체험 등이 있다.
(제주지역농업발전연구소, 농촌 활성화 방법론, 2008)

특정지역임을 감안하여 반딧불이, 잠자리, 개구리 등과 오름에 서식하는 장수풍뎅이 등의 생태체험 학습장을 조성하고, 오름 등지에 방치된 곤충들이 서식하기 좋은 환경을 조성하며, 마을에 산재한 곤충을 이용한 생태체험 학습장에서 방문객이 직접 야간 곤충 체험을 할 수 있도록 한다. 자연에 해가 없고 관광과 소득증대에 이바지할 수 있는 지역의 대표 곤충을 물색하여 지역 대표 브랜드로 만들고 이 곤충 브랜드를 이용한 캐릭터 상품을 추진한다.

지역과 오름에 산재한 야생 식물을 관찰하고 깨끗한 자연환경을 직접 체험해보게 함으로써 자연보호와 환경의 중요성을 인식하게 한다.

장수풍뎅이의 애벌레인 굼벵이는 약용으로 사용되므로 특산물로도 활용이 가능하고, 제주 생물종 다양성연구소와 연계하여 곤충을 활용한 소득사업을 추진하며, 소규모의 자연학습 코스를 개발하여 관광 체험마을을 조성한다.

웰빙 시대에 발맞추어 100% 유기농법으로 농산물을 재배하고 소비자가 농사체험 학습장을 직접 방문하여 필요한 농산물을 직접 수확한 다음 구매하는 직거래 방식의 1일 농사체험 사업도 추진할 필요가 있다.

인터넷으로 감귤이나 지역 농산물을 팔고 키워가는 과정을 협력업체나 마을 농장을 산 사람들에게 실시간으로 알려주고, 친환경 농업을 장려하는 동시에 친환경 가정농(家庭農)을 지원할 수 있는 시스템을 마련하며, 실천농가에 대해 우선 지원하는 등 인센티브를 주면서 친환경농업을 실시할 수 있도록 농가 상대 교육을 지속적으로 지원한다.

생태환경 해설사 분야별 육성

지역 오름의 자연 생태계에 대한 관광객의 욕구를 충족시킬 수 있는 전문적인 교육 프로그램을 개발하고, 이를 위한 안내 체계를 수립하며, 관광 프로그램은 관광객이 직접 참여할 수 있는 체험 프로그램 위주로 구성하되, 오름별로 생태관광 자원의 가치에 대한 교육과 정보를 제공한다.

생태관광 프로그램 개발을 위해서는 보다 세밀한 오름 실태조사가 전제되어야 하고, 마을 청년회를 중심으로 대학의 연구기관, 환경단체, 아름마을 가꾸기 사업자문단 등과의 공동 조사를 통해 생태관광 대상인 오름 프로그램을 개발하며, 오름 생태관광을 할 때 관광객이 지켜야 할 수칙 등 마을헌장의 내용을 중심으로 안내문을 만들고, 마을 자체적으로 청년회 등이 중심이 되어 오름 생태관광 해설사를 육성해야 한다.

마을 CIP(Community Identity Program) 개발이 완료되고, 농촌마을 가꾸기 사업이 일정 궤도에 오를 경우 마을 컨셉(Concept)을 소재로 한 기념품을 제작하여 판매한다. 문화체험 학습장의 교육장 시설과 방문자센터를 활용하여 간이 기념품 판매장을 설치·운영하도록 하고, 마을 공동사업으로 추진한다. 사업 초기 단계에서는 마을을 방문하는 방문객들에게 마을 기념품을 제공하고, 마을을 홍보하는 차원에서 추진해야 한다.

주요 관광 기념품으로 지역 특산물과 이미지를 팔 수 있어야 한다. 주변에 산재한 식물 이미지를 활용하고, 차후 곤충을 자원화(資源化)했을 때 곤충 이미지를 바탕으로 젊은 층들이 좋아하는 팬시상품, 생활용품, 중장년층이 선호하는 건강식품 등을 개발할 수 있다.

농한기를 이용하거나 마을 내의 유휴 노동력을 활용하거나 토산품, 공예품, 생활용품 등 체험 프로그램과 연결하여 추억을 간직할 기념품도 개발할 수 있다. 마을과 농가의 캐릭터를 활용한 기념품 개발과 판매는 수익의 증대에도 도움이 될 것이다.

근래에는 드라마의 인기에 편승한 촬영지 관광이 급증하고 있는 추세고 한류 열풍에 힘입어 외국 관광객들까지 드라마 촬영지 탐방이라는 테마 여행에 참여하여 한국관광의 블루오션으로 떠오르고 있다.

국민 드라마인 <올인>, <대장금>, <삼순이> 등의 예에서 보듯이 제주지역은 영화나 드라마 촬영지로 적합하므로 제주영상위원회나 방송국을 이용하여 촬영이 적합한 장소에 대한 홍보가 시급하며, 특히 방송 관계자 초청 등 적극적으로 지역을 알려 영상 촬영지 선정 등으로 방문객 확대를 위한 노력을 기울여야 한다.

마을의 관광 여건에 적합하고 테마에 맞는 관광코스를 개발하며, 제주의 보고인 돌담을 주제로 돌담길을 따라 트래킹 코스를 마련하고, 지역의 대문 없는 평화 마을 탐방도 좀 더 보완·개발하여 관광코스로 활용할 수 있다. 특색 있는 지역문화와 영농체험을 동시에 느끼도록 '팜 스테이(farm stay)' 프로그램 도입을 전제로 한 관광코스 개발도 추진해야 한다.

향후 농촌마을 가꾸기 사업이 일정 궤도에 오르면, 관광 허브지역을 중심으로 주변 관광지 동선을 계획하고, 테마 간의 연결된 관광코스를 개발하는 동시에 농촌마을 가꾸기 사업이 원활하게 추진될 경우 주요 거점 구역(마을 내의 주요 학습장 및 관광지)을 연계하는 교통수단이 필요하다.

농촌마을이라는 특색을 살려 소달구지, 마차, 경운기 등을 활용하여 농촌을 상징하는 특색 있는 교통체계를 고려할 수도 있다. 소달구지, 마차, 경운기 등을 활용할 경우 기존 자동차도로를 이용할 수밖에 없는 실정이어서 안전사고가 발생할 가능성도 있기 때문에 특히 주의해야 한다. 지역 내의 거점 간 이동수단으로만 활용하고 마을 간의 이동 시에는 마을버스 등의 교통수단이 필요하다.

지역을 한눈에 알아볼 수 있도록 마을 생성 연도, 인구, 고도, 특산품 등 관광객의 호기심을 유도할 수 있도록 안내판을 설치한다. 차후 추진과정 중에 통합 이미지를 내세울 수 있는 마을 캐릭터를 개발하여 입구에 설치하고, 기존의 관광 이정표에서 탈피하여 농어촌 지역을 상징하는 상품, 해산물의 이미지에 맞는 색감을 선택한 이정표를 설치한다. 예를 들면 지역 상품인 감귤, 토마토 등을 주제로 하거나 어촌을 상징하는 갈매기를 활용한 가로등 등 세련된 디자인을 살린 이정표나 가로등이 되어야 한다.

마을 홈페이지 구축을 통해 마을 회원으로 가입한 도시민들에게 마을 정보를 주기적으로 이메일을 통해 전달함으로써 마을을 방문하고자 하는 호기심과 마을 인지도를 높여 나간다. 마을에서 일어나는 재미있고 신기한 사항들과 노인회, 부녀회, 청년회 등에서 논의된 마을 발전을 위한 논의 사항, 마을 행사, 기타 마을에서 일어난 에피소드 등 다양한 정보를 수시로 제공하는 것이 마을에 대한 애향심을 고취하는 방법일 것이다.

홈페이지를 통해 마을 회원으로 가입하도록 권유하고 마을을 직접 방문하도록 유도한 다음, 방문하는 사람들에게 마을 명예주민으로 위촉하고, 명예 마을 주민증을 수여하여 마을 공동체 의식을 갖도록 하며, 명예 주민이 마을을 방문할 때는 마을 주요 관광지, 숙박시설, 음식점에서 상징적 수준의 가격할인 혜택을 부여하여 마을의 구성원이라는 자부심을 갖도록 한다.

궁극적으로는 농촌 관광카드 발행→지역카드 발행→Discount 가격할인의 방식이 필요하다. 지역주민이 재미있어야 관광객도 재미있어 하며, 그런 친화력이 바탕이 되어야 지속성을 가질 수 있다.

지역 출신의 유명 인사가 수도권의 오피니언 리더들을 대상으로 지역을 홍보할 수 있는 여건을 마련하고, 그들이 지역을 제2의 고향으로 선택했을 때 언론매체를 통한 적극적인 홍보를 강화해 나간다. 사이버상의 사이버 주민들도 참여할 수 있는 방안을 확대하고, 지역 프로그램을 경험하게 할 뿐 아니라 궁극적으로 지역의 과수원이나 밭을 임대해 운영해주는 등 진정한 고향을 느끼게 하는 제도화된 프로그램을 운영하고 무엇보다도 그들이 방문했을 때 주민들의 태도는 집을 떠나 고향을 방문하는 친지를 대하듯 환대가 이루어져야 한다.

서울, 부산 등 대도시 지역 '동(洞)'과의 자매결연 추진, 제주도내 아파트의 부녀회와 농협, 제주시내 초·중·고등학교, 대학교 동아리 등과의 자매결연을 지속적으로 추진하여 봉사활동을 유도하고 이들을 통한 홍보를 강화한다.

지역과 연계된 경우 신선한 농산물을 저렴한 가격에 구입할 수 있도록 하고, 쾌적한 농촌의 분위기를 직접 느낄 수 있는 기회를 제공하며, 농산물에 대한 품질과 안전성을 직접 체험하고 확인하게 함으로써 농촌에 대한 이해와 신뢰 구축을 바탕으로 농산물 직거래의 활성화를 유도한다.

참여관광과 소득증대

이것은 관광객이 보고 들은 대상의 내용을 기억할 수 있는 체험을 가리킨다. 알맹이 체험관광으로 작용할 뿐만 아니라, 그 내용까지도 생생하게 남아 있는 경우다. 시골 이야기만 하면 그 당시 마을의 모습이 파노라마처럼 펼쳐지는 경우가 여기에 해당한다.

알맹이 체험이 바람직하지만 실제로는 많은 부분이 시간이 지남에 따라 망각 속으로 사라진다. 체험 당시에 감동이 강하면 강할수록 더 오랫동안 기억 속에 남아 있게 마련이고, 스쳐지나간 것은 금방 잊어버리게 된다.

간접적인 것보다는 직접 체험하려는 경향이 강해지는 것은 자극을 체험하던 그 현장의 분위기를 좀 더 오래 기억 속에 넣어두기 위한 몸짓으로 볼 수 있다.

이런 효과를 위해서는 농촌관광도 연출의 개념이 도입되어야 하고, 자원의 의미와 가치를 제대로 알 수 있도록 해설해 주는 것도 필요하다.

자기 자신의 개입 여부에 따라서도 체험을 구분할 수 있다. 지각적인 체험은 자기 자신을 중심으로 하여 자기의 목적에 부합되는가를 지각하는 가운데 맛보는 체험이다. 관광을 하는 동안에 이곳은 그곳보다 못 하다거나 기대했던 것보다 낫다는 기분을 느끼고 분별하는 식의 체험이 여기에 해당한다.

몰아(沒我)적인 체험은 자신은 어디론가 사라져 버리고 대상만이 생생하게 존재하는 가운데서 맛보는 체험이다. 대단히 아름다운 광경에 말문이 막힌다든가, 환희에 차거나 탄성을 연발하면서 꿈같이 지나간 상황이 여기에 해당된다.

가장 바람직한 것은 몰아적인 체험이다. 그러나 몰아적인 체험을 맛보기 위해서는 관광하는 기술이 필요하다. 다시 말해 자신의 모든 주의력을 대상에 집중할 수 있는 기술이다. 모든 주의력이 집중된 상태에 이르면, 대상과 나의 미적(美的) 기준이 하나가 되는 아름다움의 극에 이르게 된다.

체험은 적극적 참여냐, 소극적 참여냐 하는 참여 정도와 몰입이냐, 흡수냐 하는 몰입 여부의 두 가지 축을 이용하여 다음 4가지로 나눌 수 있다.

첫째, 엔터테인먼트 체험이다. 이와 같은 체험은 소극적인 참여를 흡수해야 한다. 엔터테인먼트는 가장 오래되고 가장 발달된, 특히 오늘날에는 가장 흔하게 접할 수 있는 사람들이 엔터테이너들이다.

둘째, 교육 체험이다. 교육 체험은 참여는 적극적이지만 대상 체험이 고객에게 침투하는 경우의 체험이다. 참된 정보를 알려주고 지식이나 능력을 향상시켜 주는 교육적 이벤트에는 반드시 정신적·육체적인 적극 참여가 필요하다. 교육 체험은 교육이라서 재미가 없는 것이 아니라, 재미있게 노는 가운데 배울 수 있도록 고안한다.

셋째, 현실도피 체험이다. 참여는 적극적이지만 고객이 대상 체험에 빨려 들어가는 경우다. 소파에 누워 TV를 보거나 다른 사람들의 공연을 지켜보는 것이 아니라, 감자 캐기, 사과 따기 등의 수확 체험을 하거나 이벤트에 참여함으로써 각자가 실제로 연기자가 되는 것이다.

넷째, 미적 체험이다. 소극적인 참여이지만 대상에 몰입되는 경우의 체험이다. 이 경우에는 개인들이 이벤트나 환경에 몰입하지만, 환경에 아무런 영향도 미치지 않는다. 다시 말해 대상에 빠져들지만 대상에는 손끝 하나

대지 않는 경우다. 허수아비가 서 있는 가을들판에 바람결이 스치고 지나가는 광경을 보면서 넋을 잃고 있는 상태가 여기에 해당된다.

어느 경우가 바람직한가에 관심을 두기보다는 상황에 따라 어떠한 유형의 체험으로 연출할 것인가에 대해 좋은 시사점을 얻을 수 있는 유형 구분이다. 어린이들이 들어가게 하여 모내기를 해보게 한다면 그것은 현실도피 체험이다. 심어둔 모가 줄지어 서 있고 그 사이로 바람이 지나갈 때 하늘거리는 논바닥이 아름다운 한 폭의 그림이라고 여기게 되는 경우라면, 이것은 미적 체험이다.

그러면서 책에 나오는 재래식 농사방법을 직접 수행해봄으로써 잊어버릴 수 없는 지식을 얻게 된다는 측면에서 보면, 그것은 교육 체험이다. 모내기를 하는 동안에 누가 불러주는 농요가 흥겹게 들렸다면, 그 농요 듣기는 엔터테인먼트 체험이다. 한 가지 상황에서도 여러 가지 체험 유형을 동시적으로, 또는 순차적으로 연출함으로써 고객에게는 훌륭한 체험 거리가 될 수 있다.

(국립농업기술원, 농촌관광과 체험, 2010)

지역에는 과거부터 간직해온 그들만의 설화, 전설, 민요가 전해 내려오고 주제가 있는 스토리텔링 개념의 도입을 가능하게 한다. 산재한 설촌(設村) 및 지명 유래, 명당 전설 등 전설들을 마을 노인회의 증언과 향토문화 서적 등의 내용을 토대로 복원할 필요가 있으며, 구체적인 복원 방법은 사학자 등 관련 전문가들의 자문(諮問)을 얻어 시행해야 할 것이다.

문화 체험교실과 생태체험 학습장에 전설과 설화, 민요를 접목해 지역의 자원을 설명함으로써 방문객이 이해하기 쉽고 기억할 만한 추억을 만들어 재방문을 하도록 유도한다.

지역의 운동장 정비 및 인조 잔디 설치로 사시사철 운영할 수 있는 여건을 마련하여 평상시에는 체험학습장으로 운영하고 방학 때는 체험학습장과 더불어 축구 등의 전지 훈련장으로 활용한다. 오름, 생태, 야생화 관찰 및 갈옷 물들이기 등의 체험을 운영할 수 있는 해설사가 상주하여 프로그램 개발 등의 업무를 수행하고, 독거노인들이 체류할 수 있는 시설과 노인들이 그 지역의 농산물을 가공할 수 있는 단순 가공시설을 마련하여 판매할 수 있도록 한다.

　마을의 유래, 전설, 유적지, 문화관광지, 특산물 등 자랑거리를 소개하고 그렇지 못할 경우 홍보 팸플릿을 비치한다. 새로운 펜션 개념의 시설에서 탈피하여 지역민의 삶을 보여줄 수 있도록 불편을 느끼지 않는 범위 내에서 특별한 개·보수보다는 자연스럽게 시골 정취를 느낄 수 있도록 정비하고, 식사도 오름 등에서 채취한 무공해 건강식품과 신선한 채소류, 산나물 등을 조리하여 제공한다. 민박요금은 단일화·표준화하여 방문객의 신뢰를 얻도록 한다.

　체험 캠핑장은 청소년과 가족 여행객이 안전하고 경제적으로 이용할 수 있는 숙박시설과 여가시설의 제공과 더불어 청소년의 건전관광 육성을 위한 교육의 장으로 활용할 수 있도록 조성하고, 외국 배낭 여행객들도 이용할 수 있는 저비용 숙박시설로 집중 육성한다.

　향후 수요층에 대한 설문조사를 통해 사전에 고객의 수요와 욕구를 파악하고, 캠핑장의 적절한 공간구상과 배치를 통하여 청소년과 가족 여행객들이 재미있게 즐길 수 있는 시설을 도입해야 한다.

　농가에서 개발한 여러 가지 체험에 대해서는 위험요소에 대처하는 방안이 미흡한 실정이다. 체험 프로그램 중 사고에 대한 응급조치 등을 위해서는 전문가를 초빙한 교육과 더불어 구급용품 구비 등의 대비책이 필요하다. 향후 체험 프로그램에 대한 안전 대책으로는 사고보험을 마을 단위로 가입하여 운영하는 방안이 바람직하다.

제주 지역은 잠재력이 풍부한데도 불구하고 경쟁력 있는 농촌마을사업을 성공적으로 수행한곳은 자신 있게 추천하지 못하고 있다. 그러나 각 지역에서 혼신의 노력을 기울이고 있기 때문에 아직도 희망이 보이며, 농어촌 마을이 농어촌에서 생산되는 특산물 이외의 방법으로 지역민의 삶의 질을 향상시키기 위해서는 관광을 접목한 상품이 절실하다.

농촌관광이 성공하기 위해서는 농촌다움을 보전하면서 지역 주민들이 스스로 개척하고 발굴하여 사업화시킬 수 있도록 체계를 갖추는 데 중점을 두어야 한다. 이를 위해 지역 주민은 물론 지방자치단체, 도시민, 전문가 등 이해당사자 모두가 농촌관광의 목표를 공유하고 파트너로서 협력하는 것이 중요하다.

정부와 지자체는 지원자(supporter)로서 역할을 담당하며 농촌 전문가는 보유한 자원과 역량을 제공하고 활용할 수 있는 프로그램을 개발하고 도시민은 농촌의 다원적 가치(지역적 특성을 반영하는 농업생산의 공간인 생산적 공간, 농촌 중심의 삶의 공간이자 전 국민의 휴양 공간인 생활적 공간, 쾌적한 환경과 아름다운 경관을 제공하는 환경적 공간, 전통문화가 보존·발전된 문화적 공간)와 농촌관광의 잠재자원을 새롭게 인식하는 한편, 농업 생산 활동의 지원과 농·특산물의 구매뿐만 아니라 농촌체험을 포함한 농촌관광 활동에 적극 참여해야 한다.

특히 실질적인 주체이자 수혜대상인 농촌 주민은 스스로가 경영 마인드와 핵심 역량을 갖추고 주도적으로 참여하여 지역자원을 적극적으로 활용한 교류 사업에 나서고, 경쟁력 있는 상품을 개발하여 도시민을 유치하는 데 힘써야 할 것이다. 농촌관광은 오늘날 당면한 도시생활의 질 저하, 농촌의 과소화와 소득 저하, 농촌지역의 난개발과 환경오염 등 제반문제를 해결하기 위해 도농이 신뢰를 바탕으로 교류해야 하는 일이다. 상호교류를 통해 도시민의 여가 욕구를 충족시키는 한편 농촌 주민 스스로는 자신감을 회복하고 삶의 질을 높일 수 있는 종합적인 농촌지역 활성화 전략으로 농촌관광을 이해해야 한다.

따라서 농촌관광은 마을 단위 관광개발(community based tourism)로 이루어져야 하며, 이때 리더를 비롯한 주민들의 인식 전환과 참여, 공감대 형성이 매우 중요하다. 실제로 주민들은 새로운 일에 대한 부담과 실패에 대한 두려움, 자신감 결여로 참여율이 낮으며, 주민 간의 갈등과 반목으로 이어지는 경우도 있으므로 향후 농촌관광 정책은 공감대 확산, 추진체계의 정비, 인재양성, 네트워크 구축 등 시스템을 갖추는 일과 소프트웨어를 확보하는 접근 방식이 동시에 진행되어야 한다.

농촌관광의 수익 창출은 무엇보다 가장 자신 있는 것, 잘할 수 있는 것을 선택하여 작은 것부터 하나씩 성공사례를 만들어 가는 것이 중요하다.

마지막으로 농촌관광 활성화를 위해서는 단순히 물리적인 차원에서 시설을 정비하거나 매력적인 이미지를 창출하는 것을 넘어 궁극적으로 거기에 담기는 삶 자체를 통합하여 나가는 삶의 심리 경영이다.

자연을 소중히 여기고 그 속에서 생활문화를 즐기는 사람과 마을, 문화가 만들어지면 관광객은 스스로 방문하게 마련이다. 도시적 개발이 사람을 불러올 수는 있어도 감동을 전해 다시 찾도록 하지는 못하기 때문에 잘 개발된 관광지는 다시 오고 싶은 곳, 여기서 살면서 머물고 싶다는 생각이 들 때만 지속가능성이 확보될 것이다.

(문성종, 농촌관광 활성화 방안, 한라대학 관광과)

제4장 생태관광 성공요소 분석

그린투어 생태관광 자원 분석

　지속가능한 그린 투어리즘(Green-Tourism)은 자연에서 누리는 여유로움과 환경을 지키기 위한 대안관광으로 다양한 인프라 구축과 의식적인 노력들이 뒷받침되면서 대중화되고 있다. Green-Tourism의 개념은 자연에서 누리는 체험관광이자 좁게는 농촌을 방문하여 즐기는 체험관광이며, 지역, 산업, 환경 등의 관점에서 다양한 이름으로 정의되고 있다. 어원은 프랑스에서 시작되었으며, Agri-Tourism과 Rural-Tourism을 포괄하는 Green-Tourism이라고 할 수 있다.

　우리나라인 경우 프랑스, 스위스 등 선진국의 사례를 도입하여 가장 주목을 받고 있는 농촌 체험관광의 사례로 충남 청양군 알프스 마을을 꼽는다. 알프스 마을에서는 겨울엔 얼음분수 축제, 여름에는 세계조롱박 축제 등 사계절 축제를 열고 있다. 축제를 보기 위해 방문한 이들에게 판매하여 매년 농산물 20억 원 내외의 매출이 이루어져서 마을에 활기를 불어넣고 있다.

　제주도는 예전에 감귤 따기 등 농촌체험 관광이 주를 이루고 있었다. 요즘은 생태관광 개발에 다양성을 확보하고 있다. 1,500만 명의 관광객 중 대부분이 생태관광을 지속적으로 즐기고 있으며 관광 방문객의 수도 늘어나고 있다.

　제주시의 경우 람사르 습지 보호지역인 동백동산에서 팔색조와 원앙 등 희귀조류와 센달나무, 참가시나무 등 다양한 동식물 감상과 캠핑을 즐길 수 있다. 제주의 올레를 통한 관광객 증가는 사회적 경제효과와 더불어 심리적으로 느끼는 자연치유 효과와 병행하여 지역 주민의 소득에도 기여하고 있다.

류선무 박사는 "도시와 농촌과의 관계를 재구축해서 농촌·산촌·어촌 지역을 경제적·환경적으로 지속가능한 풍요한 농촌사회로 이끌어 가기 위한 지역 활성화 수단의 한 방법으로 농촌에서 선택하는 새로운 삶의 방식으로 첫째, 관광자원의 대상이 농촌이다. 둘째, 사업 주체는 농촌·산촌·어촌의 농업인 또는 비(非)농업인이 자발적 합의 형성에 따라 시도하는 중소규모(면적 10~20ha, 자금 5~100억)의 관광개발이라 할 수 있다. 셋째, 도농 교류의 목적이 농촌의 소득증대뿐만 아니라 도시민의 자연욕구 충족(체험학습)과 상호보완적 관계에서 공생·공존·공영의 길을 모색하는 것이다."라고 정의하고 있다.

그러한 정의의 원칙론에는 동의하나 경계(boundary)에 있어서 규모나 특정지역에 국한되는 것은 바람직하지 않은 것으로 보인다. 자칫 지역에서는 자금을 투입하는 곳으로만 국한하여 그린 투어리즘(Green-Tourism)을 고려할 수도 있다.

지역경제 활성화의 측면에서는 농촌관광 등의 개발 자금이 투입되는 사업 주체인 직접 투자자나 종사자, 참가자 외에 간접 참여자 및 지역주민과 일반 사업자까지도 이해 당사자가 될 수 있다. 이와 같이 파급효과를 미치게 된다. 따라서 지방자치단체나 광역적인 농촌지역의 농업기반 및 생산방식은 물론 지역산업 전반, 자연경관, 문화유산, 지역축제 등이 포함되어 종합적이고 총체적으로 다루어져야 할 성격으로 본다.

외국의 그린 투어리즘 사례로 프랑스에서는 제2차 세계대전 이후 바캉스 문화가 정착되었고, 농촌의 건축물이나 문화를 지키려는 사회운동이 결합되어 Green-Tourism이 탄생하였다. 관련 조직으로는 농업회의소 농업·관광협회, "지트 드 프랑스(Gite de France)" 전국연맹, 가족 휴가촌 협회, 롯지 전국연맹, 농촌관광진흥센터(TER)를 들 수 있다.

독일은 1960년대 후반 바이에른 주에서 발전되기 시작하였고, 관련 조직으로는 농업협회(DLG)와 식량농업부 정보서비스협회(AID), 농민연맹, 농업신용은행 등이 있다. 프랑스에 비해 소박하며 농가에서 조용하게 휴가를 보내려는 이용객을 위주로 숙박과 레저 형이 발달되었다.

영국은 1970년대에 그린 투어리즘을 도입하여 고유의 농촌다움을 보전 책으로 발전시켰다. 유럽의 리조트 형 관광개발의 폐해가 알려지면서 상업화된 대형 관광개발을 지양하고 휴가사업(holiday business) 등 지역의 생활이나 환경을 배려하는 관광이 모색되었다. 농촌 휴양지 계획과 농촌경제 관리인 제도를 시행하여 참여 농가에게 농촌경관의 보전 보조금을 지급하며, 소규모 민박의 숙박 형과 식사 형이 발달되었다.

일본의 그린 투어리즘은 지역 활성화 사업의 일환으로 1960년대부터 전개되었고, 지역 차원에서 스키장 등 리조트 시설을 설립하였다. 1970년대 후반 농촌에 대한 향수 관광이 유행하였고, 1980년대에는 전국적으로 '지역 만들기 운동'을 전개하였다. 지역의 농업과 전통문화, 특산물을 중심으로 전통문화마을을 조성하는 등 다양한 사업이 추진되었다. 크게 성공한 마을로는 시라카와무라[白川村]가 있으며, 연중 100만 명의 관광객과 50억 엔이 넘는 관광수입을 올리고 있다. 그린 투어리즘 프로그램은 지역의 자원 특성에 따라 특산물, 전통문화, 자연자원 형으로 구분할 수 있으며, 우리나라 그린 투어리즘에 가장 큰 영향을 준 지역으로 알려져 있다.

민박 마을의 경우도 체류하는 관광객이 향토문화 활동 참여나 특산물 구매로 연계되지 못하였다. 따라서 기존 농촌관광 정책의 한계와 친환경 농촌개발을 통한 농외소득 증대 및 농촌 지역경제 활성화 문제 해결을 위한 수단으로 도입되었다.

농촌관광의 발전 방향은 도농 공생의 생활방식의 필요에 따라 농촌의 녹색생활양식(green life style)과 각종 역사문화 자원을 상품화하여 도시민들에게 꿈을 파는 문화산업(Culduct, 문화융합상품)으로 발전함이 바람직하다.

농촌 계획과 정비 이념의 목적은 안정된 농업생산으로 농촌 소득구조의 변화와 경제적 자립을 도모하고 농촌 환경의 보전과 지역 자원의 유지·활용을 통하여 도시와 농촌이 상부상조하는 생활공동체를 형성하는 데 있다. 구체적인 과제로는 농촌지역의 계획적인 토지이용 추진, 지역소득 확보와 활성화 증진, 아름답고 살기 좋은 주거환경 정비, 다원적·공익적 기능의 유지·발휘·촉진 등을 들 수 있다.

따라서 지속가능한 농업, 지속성이 높은 농업 생산방식의 도입, 유기성 자원의 순환을 도모할 수 있는 재활용 및 적정한 이용이 요구된다. 농촌의 생산 환경, 생활, 역사문화, 자연 및 사회 환경이 종합적으로 조화를 이룰 때 농업·농촌의 다원적 기능이 발휘되어 농업인의 삶의 질이 향상되고 농촌 환경은 지속가능한 발전이 이루어질 것이다.

농업의 6차 산업화란 1차 산업, 농업을 축으로 하여, 생산한 농산물을 가공하는 2차 산업과 농산물 직판장, 음식점, 숙박시설의 경영 등 3차 산업적인 분야 등 세 가지 분야를 도시와의 교류를 통하여 종합적으로 추진하는 것으로, 류선무 박사에 의하면 (생산+가공+유통)+(체험학습+교류) = 6차 산업화(복합농촌)로 정의하고 있다.

경영다각화와 복합농촌건설은 Green-Tourism을 통하여 농촌의 성장 가능성을 밝게 하고 있으며, 농촌관광은 지역 내의 활동과 시설운영의 교육적 효과, 지역 경제적 효과, 사회적 효과 등이 고려되어야 한다. 생산 → 가공 → 유통 → 소비 → 재생산 형태의 자연 순환형의 체계 구축을 통하여 자연의 상생과 조화를 이루고, 주민 간의 지역공동체 형성 및 도농 간의 공생·공존·공영을 전제로 하여 지속적인 발전이 가능한 농촌과 사회체계를 이룩해야 할 것이다.

농촌관광을 통한 지역경제 활성화를 도모하려면 지역 주민을 중심으로 중앙정부와 지방정부, 전문가 집단, 도시민 등 농촌개발 관련 주체들 간의 네트워크 구축이 무엇보다 중요하다. 무엇보다도 지역 주민 스스로가 추진 주체로 적극 참여하여 그 역할을 수행하여야 한다. 각종 사업의 산업화 전략과, 외부 전문가와 연계하여 지자체 공무원 및 지역 주민을 대상으로 한 정기 교육 프로그램의 개발과 운영도 필요하다.

친환경 농촌 개발을 통한 농촌관광 사업은 지역 자원을 특성화하며, 이미 조성된 농촌지역의 관광지 역시 농촌관광과 더불어 지역경제 활성화에 기여할 수 있도록 지속적인 관심과 지원 및 관리가 필요하다. 아울러 지역 축제의 활성화 등과 연계하여 상승효과를 가져올 수 있도록 다양한 프로그램의 개발이 요구된다.

Green-Tourism의 발전 방안으로, 활성화를 도모하려면 경영과 마케팅 측면의 마인드를 도입하여 볼거리, 즐길거리, 먹을거리, 쉴거리, 살거리 등을 확보하는 것이 관건이다. 농촌 환경 측면에서는 제대로 된 환경 친화형 농촌 정비가 필요하며, 도로망(농로), 하천, 소하천 정비, 무질서한 농토의 정비, 특색 있고 내구성 있는 농가주택과 쾌적한 마을 경관, 향토수종 등 조경을 들 수 있다. 그밖에도 산림 가꾸기 등은 소나무나 조림 품목 외에도 다양한 고유수종이나 식물자원을 보호하는 일도 중요한 사안으로 본다. 다시 말해 농촌 전역을 환경 친화적으로 정비하는 것이 타당하다.

우리 특산물의 가공, 지역의 특산품이나 관광 상품 개발 등을 통한 특화된 상품의 질적·양적 확보와 소비촉진, 홍보·판매에 사활(死活)을 거는 것도 중요하다. 아울러 농촌지역의 교육·의료·문화·복지 등 제반 문제점을 해결하고, 나아가 국력신장과 경제수준의 향상을 통하여 농업인이나 도시민을 막론하고 재정적 수준의 향상, 생활안정과 더불어 시간적 여건이 되어야 관광이나 여가를 즐길 수 있을 것이다.

향후 도시민의 자발적 참여 등으로, 상호 신뢰 구축과 상생의 바탕 위에 실질적이며 활발한 도농교류가 이루어지도록 하며, 조속히 자생력을 확보하도록 하는 것도 중요하다. 아무쪼록 농촌관광을 비롯한 모든 농업·농촌 개발 사업이 합리적·이상적으로 잘 추진되어 우리 농촌이 경제 활성화는 물론, 사회·문화 등 제 분야도 활성화됨으로써 세계 속의 선진화된 농업·농촌으로 거듭나고, 도시와도 보조를 같이할 수 있는 복지농촌이 건설되어야 한다.

벤치마킹으로 장점을 살리는 것도 한 방법이겠지만 이제는 우리 나름의 특성을 살린 친환경적 농업·농촌 발전 모델, 농촌관광 모델을 개발하여 세계적인 발전모델이 되었으면 하는 바람이다.

(손기호, 농촌관광을 통한 지역경제 활성화 방안, 2016, 경북대하교 석사학위 논문, 2007)

생태관광과 스토리텔링

생태관광은 생태학(ecology)과 관광(tourism)의 합성어로 자연 보전을 위한 활동을 주목적으로 하며, 관광객에게 환경보전의 학습 기회를 제공하고 관광으로 인한 수익은 지역의 생태계 보전이나 지역 주민에게 되돌아가는 관광의 한 형태로 풍물을 단순히 보고 즐기던 과거의 관광에서 벗어나 날로 오염되는 지구환경의 심각성을 깨닫고 생태계 보호를 체험하는 관광을 말한다.
(한국민족문화대백과, 2009)

국민소득과 여가시간이 증가함에 따라 새로운 대안관광의 하나로 생태관광이 부각되고 있다. 생태관광은 생태적으로 민감한 자원의 보호와 지역사회 개발을 동시에 추구하며 질 높은 경험을 보장하는 장점 때문에 많은 국가와 국제기구로부터 주목을 받게 되었다. 관광 환경의 변화에 따라 생태관광의 중요성이 증가하고 생태관광객이 증가함에 따라 국민의 생태관광 수요를 충족시키는 한편 생태자원을 보호하고 지역발전을 위해 공동의 노력을 기울여야 한다.
(손재영, 생태관광 발전방안에 관한 연구, 한국산학경영학회, 2010) (이승주·이현숙·서종철, 생태관광 표준화를 위한 생태관광 스토리텔링, 한국지역지리학회, 2012) (박정환, 농어민신문, 2008)

관광 지역의 자연환경 보전, 고유문화와 역사유적의 보전, 생태적으

로 양호한 지역에 대한 관찰과 학습, 관광 지역과 사업체의 지속가능한 관광 사업으로 관광객의 관광 활동 등을 포괄하는 지속가능한 관광(sustainable tourism)을 의미하며, 녹색관광(green tourism), 자연관광(nature tourism) 등과 유사한 개념이다.

생태관광의 원칙은 다음과 같다. 환경보전에 공헌 지역경제에 문화적·경제적으로 공헌 방문객들에게 학습의 경험을 제공할 수 있도록 한다.

생태관광은 자연경관을 관찰하고 야외에서 간단한 휴양을 하면서 자연을 훼손하지 않는 관광에 기원을 둔다.

그러나 자연경관을 단순히 관찰하는 관광도 수요가 늘어나 자연 생태계를 훼손하게 되면서, 생태관광은 자연과 유적, 지역의 문화를 보호하는 동시에 지역 주민들에게도 관광의 이익이 돌아갈 수 있도록 하자는 사회적 요구에 부응하는 데 그 취지가 있다.

관광의 기본적인 목적은 새로운 장소와 공간에 대한 호기심의 충족, 휴양과 재충전에 둔다. 생태관광은 이러한 목적 외에 자연에 대한 적절한 학습을 통한 지적 만족감과 자연을 보호한다는 개인적인 보람도 느낄 수 있는 관광이다. 또한 관광의 대상 지역을 지속적으로 보존할 수 있는 관광의 방식이라 할 수 있다.

생태관광 위주의 관광객이 빠르게 증가하면서 관광지의 구체적인 정보에 대한 수요 역시 급증하고 있다. 생태관광 자원 중에서는 역사나 문화보다는 자연생태 자원에 많은 관심을 가지고 있으며, 현재 부족하거나 보완되어야 할 내용으로는 지역에 대한 정보를 꼽고 있었다.

관광객들에게 정확하고 상세하고 표준화된 정보를 제공하기 위해 생태관광 자원을 수요자 입장에서 관광객의 활동 성격에 따른 분류와 생태자원에 의한 분류로 대분하였다. 그리고 다시 활동 성격에 따른 분류는 자연형, 교육형, 소통형, 모험형의 4가지 유형으로 세분하였다.

(이승주·이현숙·서종철, 생태관광 정조 표준화를 위한 생태관광 스토리텔링, 한국지역지리학회, 2012)

생태관광 문제점 원탁토론

어떤 사회가 건강한 사회일까? '논쟁'은 건강한 사회의 척도 가운데 하나일 것이다. '논쟁 없는 사회'는 건강한 상태를 유지하기 어려워 나락으로 빠지기 쉽다. 원칙을 확인하면서 합리적으로 진행되는 논쟁은 사회의 지적 자원을 풍부하게 늘리는 역할을 하며, 그 사회가 민주주의 원칙에 어긋나지 않는 좋은 결정을 내릴 수 있도록 돕는다.

그럼에도 우리 사회는 여전히 이데올로기의 과잉이라는 질병을 앓고 있으며 목적을 숨긴 대중 선동에 취약하다. 사람들은 '허구로 만든 진실'이나 '가짜 뉴스'에 쉽게 미혹되고 이내 냉정함을 잃는다. '정쟁(政爭)'은 넘쳐나지만 '논쟁(論爭)'이 없기 때문이다. 논쟁은 없고 승패만 있는 사회에서는 힘을 얻기 위한 눈먼 열정만 자극한다. 이것이 한국사회나 정치의 현실이며 그들이 보여주는 아쉬운 작태에 분노할 때가 많다.

제대로 된 논쟁은 없고 이데올로기만 넘쳐나는 시대일수록 정치적인 당리당략(黨利黨略)이 난무하여 이슈가 되고 아젠다가 되어야 할 주제들을 너무 많이 소외시켜 버린다. 합리적인 토론과 정당한 논쟁은 한 사회가 나아갈 길을 제시해주는 동시에 열린사회를 위한 상상력의 바탕이 됨에도 불구하고 우리는 이러한 논의에 미숙하기만 하다.

관광에 대한 관점도 예외는 아니다. 시각에 따라서는 관광객이 양떼처럼 해변의 감방에서 살아가는 자발적 죄수가 된다. 모험을 금지하는 윤리적 관광은 무엇이 윤리적이고 무엇이 비윤리적인가에 대한 분명한 시각과 기준을 가지고 있지 않다. 물론 대체로 봤을 때 어떤 유형의 휴가가 '좋은 것' 또는 '나쁜 것'이라고 구분할 수 없겠지만, 대신 관광객의 지나친 자유라든가 여행지의 환경적·문화적 연약함 또는 취약성이라는 개념에는 상당히 유동적인 도덕관이 들어 있다.

업체의 책임관광 실천이 소비자의 선택에서 가장 중요한 요인은 아니지만, 일반적으로 활동이나 목적지, 이용 가능성, 가격이 훨씬 더 중요한 요소로 받아들여진다. 책임관광을 둘러싼 업체들 사이의 비가격경쟁은 시장을 변모시키고 있다. 생태관광이라는 개념이 관광시장을 형성하는 데 실패한 경험은 각 나라에 많은 교훈을 남겼다

균형 잡힌 관광을 추구한다는 것은 현지인과 여행객 모두의 이해관계를 만족시켜야 한다는 말이다. 균형 잡힌 관광은 현지 문화와 전통적인 건축, 예술, 음식, 음료에 푹 빠져들 것을 주장한다. 생태관광으로서의 책임관광은 관광객과 현지인의 인식이 함께 바뀌는 데서 출발하는 일종의 운동이다. 소비자, 사업가, 현지인이 서로의 경험과 관광산업을 잘 제어하여 더 나은 형태의 관광 체험을 만들어내기 위해 노력하는 운동이다.

제주지역 숙박과 쇼핑산업 취약

여행사에 대한 규제와 설립 요건이 완화되어 있기 때문에 여행상품의 품질이 떨어지고 부조리가 발생할 수 있다. 서울 등 국내 대형업체들이 관광시장을 잠식하고 있는 가운데 덤핑 경쟁이 일어나고, 인터넷을 중심으로 한 무등록 여행사의 횡포로 제주지역 여행사의 입지가 좁아지고 있다. 종사원의 수도 대부분 10인 이하인 영세한 규모의 여행사가 많기 때문에 여행사 업무의 서비스 품질에 대한 교육이 제대로 이루어지지 않는다. 서비스 품질을 향상시키기 위해 정기적인 교육 프로그램이 필요하다.

호텔은 관광 서비스산업의 근간이다. 숙박업 서비스의 품질은 종사원으로부터 시작된다. 종사원으로부터 시작되는 서비스의 품질은 당연히 지속적인 훈련과 매뉴얼에 의한 교육에서 형성된다.

숙박업이 제공하는 서비스의 품질은 고객의 만족도에 따라 차별화가 이루어지기 때문에 숙박업 서비스는 시설과 설비를 포함한 유형의 물적 서비스와 더불어 종사원이 제공하는 서비스, 분위기, 이미지와 같은 무형의 서비스를 포함하는 유기적이고 복합적인 시스템이다. 해마다 관광객 만족도 조사의 결과를 살펴보면 숙박 서비스업의 경우 여전히 20% 내외가 불만족스럽다는 의견을 보이고 있다.

(관광대학, 서비스 교육 매뉴얼)

토산품과 쇼핑센터 매출은 전체적으로 회복되고 있으나 대형 면세점에 비해 환경이 좋지 않은 10인 미만의 영세한 규모로 운영되는 쇼핑업소가 많기 때문에 서비스 품질에 대한 체계적인 관리나 교육이 이루어지지 않고 있는 형편이다. 관광 관련 다른 업종의 경우에는 위탁 또는 전문 강사를 초빙하여 직원에 대한 정기적인 서비스 교육을 체계적으로 실시하고 있으나, 소규모 토산품이나 쇼핑센터의 경우는 경제적 문제 등으로 교육을 지원하거나 제공하는 것이 현실적으로 어려운 상황이다.
(관광대학, 서비스 교육 매뉴얼)

생태관광은 농촌·산촌·어촌에서 이루어지는 단순한 의미의 관광에서 출발했지만, 점차 농촌·산촌·어촌의 자연, 전통문화, 현지 생활의 체득, 역사 등을 체험하고 휴양과 휴식을 겸하는 복합적인 여가활동으로 확장되고 있다. 나라마다 농촌관광이란 용어를 다른 개념으로 사용하고 있으나, 우리나라에서는 초기의 녹색관광에 대해 농촌관광을 사용하다가 이제는 농촌·산촌·어촌 체험관광에 대해 주로 쓰고 있다.

농촌·산촌·어촌 체험관광은 지역의 아름다운 자연경관, 문화자원을 활용하는 쪽으로 영역을 넓히면서 새로운 가능성을 제시하고 있다. 조용함과 따뜻함을 느낄 수 있도록 서비스를 개발하는 새로운 전략인 그린 투어리즘에 대한 논의도 활발하게 진행 중이다.

결국 도시와 농촌·산촌·어촌의 교류를 통하여 소득을 창출하면서 동시에 지역의 부가가치를 높이자는 것이 목적이다.
(박정환, 농어민신문, 2008)

제주관광은 양적 팽창으로 큰 보탬이 되고 있다. 그러나 농촌·산촌·어촌에 사는 사람들은 한미(韓美)·한중(韓中) 자유무역협정으로 오히려 형편이 더 어려워지고 있다. 농촌·산촌·어촌과 제주관광은 협력하고 상생하면서 함께 나아가야 할 융·복합 산업이라는 점을 인식하고, 이와 같은 불가분의 관계에 대해 연구하여 이를 바탕으로 관광객의 방문에 대비하는 수요예측을 할 수 있어야 한다. 농촌·산촌·어촌 자체에서 체험 프로그램을 독자적으로 개발하기는 어렵기 때문에 행정당국을 중심으로 관심 있는 논의가 진지하게 이루어져야 할 것이다. 제주의 농촌·산촌·어촌 자원은 제주의 모든 것을 내포하고 있으며 생태관광의 상징성을 갖고 있다.

(문성종, 제주일보, 2012)

    농촌·산촌·어촌 지역의 고령화는 이미 오래전에 진입했다고 할 수 있다. 2018년에 고령사회가 되고 2026년이 되면 초(超)고령사회가 된다는 통계도 있다. 총인구 중에 65세 이상의 인구두가 7% 이상인 고령화 사회, 한 걸음 더 나아가 65세 이상의 인구가 14% 이상이 되면 '고령사회', 20% 이상이면 '초(超)고령사회'라고 한다. 이와 함께 기초수급대상 200만, 장애인 200만, 실업자(휴직인원) 500만, 신용불량자 650여 만 명에 이를 것이라고도 한다.

    이를 극복하려면 복지를 위한 세금 수요를 확충해야 한다. 결국 이를 충족시키기 위해 대기업에게 경영의 자율권을 보장하면서 성실하게 세금을 낼 수 있도록 하고, 서민층에게는 일을 할 수 있도록 국가가 책임져야 한다. 이와 함께 저(低)출산과 노동력 부족, 의료·요양시설의 증가, 의료비 지출 증대, 생활비 지출 확대로 세대 간의 갈등도 예견된다. 2010년 기준 고령화 추이는 일본 23.1%, 한국 11%를 지나왔고, 현재 한국은 65세 이상의 인구가 14% 이상인 고령사회로 접어들었다.

(양영오 제주발전연구원장, 세계경제환경 변화와 우리의 자세, 제주농대 최고경영자과정 임원 특강, 2012. 8)

세대별 관광수요 예측 및 분석

첫째, 여행 수요의 증대는 예견되는 현상이기 때문에 이에 따른 관광객을 수용할 숙박시설과 이용시설의 부족과 낙후(落後)가 문제점으로 등장한다. 숙박시설 선호 패턴의 다양화에 부응하기 위한 저렴한 가격과 양질의 중저가 숙박시설이 특히 부족한 실정이다. 또한 관광객의 다양한 욕구를 반영한 새로운 테마형 관광지, 지역 단위의 문화시설, 저비용의 생활권 청소년 체육시설 등의 복합문화공간의 부족이 예상된다.

둘째, 국내의 관광 수요 증대에 따라 관광객은 관광 활동의 질을 높이기 위해 사전에 관광 관련 정보 탐색 활동을 늘려나갈 것으로 예상되지만, 이런 추세에 대비한 정보제공체계가 미흡하다. 루브르박물관은 보수와 보강을 위하여 관람객을 연간 600만 명으로 제한하고 있다.

셋째, 주말여행이 증가하는 추세를 감안할 때 주말여행 정착에 따른 관광 프로그램의 부족을 예상할 수 있다. 저가의 가족형·참여형·체험형 프로그램과 관광 상품의 공급 부족, 문화·레저기관 간 여가정보 및 프로그램의 연계 미흡, 저소득층·소년소녀가장 등 소외계층을 위한 공공 프로그램의 빈약이 예상된다.

넷째, 문화·관광·예술·체육시설 종사자들의 휴일근무 증가로 근로조건이 악화될 것으로 전망된다. 직원 재교육 프로그램이 빈약하며 자원봉사자와 파트타임 직원 활용에 대한 인식과 재정지원이 부족한 실정이다. 문화관광 수요의 증대에 비해 문화유산 해설사, 생활체육 지도자 등 전문 인력도 부족할 것으로 예상된다.

  다섯째, 관광자원에 대한 낮은 인식, 관광객의 특정 장소 집중 현상, 자연환경과 지역문화에 대한 부정적인 영향 초래 가능성 등이 전망된다.

  여섯째, 여가시간에 따라 소득계층의 분화가 예상되어 고소득층, 중소득층, 저소득층 등 소득계층에 따른 여행상품의 차별화가 예견된다. 또한 사무직과 생산직, 도시민과 농어촌 주민 간의 문화향수의 격차 심화로 인한 계층 간의 위화감 조장도 우려된다. 자영업, 단순 노동자 등 비적용 가정의 '나 홀로 청소년' 문제, 주말 사교육의 증대, 경마·경정·카지노 등으로 인한 사행성화 심화 등의 사회적인 문제도 예견할 수 있다.

  현대인의 삶에서 여가생활은 기본적으로 국민의 삶의 질 향상이라는 측면에서 접근해야 한다. 계층별로 소득의 위화감을 최소한으로 줄이는 방향에서 '최대 다수의 최대 행복'이라는 목표를 달성할 수 있도록 해야 할 것이다. 관광객의 다양한 관광 욕구를 충족시켜 줄 수 있는 상품의 개발을 정부 차원에서뿐만 아니라 지방자치단체나 관광 관련 업계도 협력하여 추진해야 할 것이다.

  우선 숙박시설과 이용시설의 확충이 필요하다. 가족 중심의 여행 행태 증가에 대비하여 가족 휴양촌, 테마파크의 확대 등이 시급하다. 저소득층과 청소년층을 위한 중저가형의 숙박시설인 캠핑장, 소규모 콘도미니엄, 유스호스텔, 민박, 펜션 등의 활성화가 필요하고, 마을 단위 또는 도심 주변의 체육공원, 산책로, 문화의집과 같은 비영리 형태의 공공 관광 여가시설의 확충도 필요하다.

  또한 변화하고 있는 여행의 유형에 맞춰 기존 관광시설의 기능을 변경한 맞춤형의 관광 여가시설을 공급할 필요도 있다. 관광자원과 관광 관련 프로그램의 개발 차원에서는 신규 관광지에 가족, 근로자, 청소년을 위한 문화레저시설의 설치를 유도하는 방안을 제시할 수 있다.

주말 여행객의 활동을 다양화할 수 있는 전통문화 자원의 개발이 필요하다. 전국의 주요 지역을 명소(名所)로 개발할 수 있는 역사문화자원을 활용한 상품기획과 판촉이 필요하고, 환경 친화적인 생태녹색관광, 지역토산품의 관광 상품화, 지역 먹거리의 개발과 홍보, 지역문화 관광축제의 활성화 등으로 사회문화관광 욕구를 충족시킬 수 있는 방안이 강구되어야 한다. 한편 관광 활동 인구의 혼잡을 분산하기 위해 계절 분산, 지역 분산에 중점을 두는 여행상품을 개발하여 교통체증 등의 불편을 감소시킬 수 있도록 해야 한다.

인터넷 사용자의 보편화에 따라 온라인상에서 중저가 숙박시설에 대한 정보를 제공하고 예약 안내 및 교통 안내를 하는 체계 등이 필요하다. 특히 지방관광에 대한 숙박시설, 관광명소, 교통수단, 특산물 등에 대한 정보체계를 통합하고 통일하는 데이터베이스 구축이 필요하다. 항공, 철도 등의 교통수요 증대에 따른 관광교통수단의 연계성에 대한 정보 구축 또한 요구된다. 홍보안내 책자의 비치 확대와 도로교통 안내 표지판의 재정비, 관광지 내의 관광 안내요원 확충 등으로 증가한 관광수요에 대하여 질 높은 서비스를 제공할 수 있는 체계를 확립할 필요가 있다. 특히 바다 환경 정비는 유효인력을 동원해야 한다.

자기개발형의 여행 수요 증대로 관광객들은 전문적인 지식을 요구하는 추세이므로 관광지에 문화관광 해설사와 현장 체험교육 인력을 배치해야 하며, 이런 전문 인력을 양성하기 위한 교육을 실시해야 한다. 자원봉사자의 활동영역도 관광 체험 프로그램의 기획·홍보·조사연구 등에까지 확대하고 자원봉사자의 경력인증제도, 사업운영비 일부 지원 등의 방안도 고려해볼 수 있다.

　생태관광을 위하여 자원을 보존하고 지속가능한 관광을 실천하는 의식을 제고해야 한다. 해외여행을 떠나는 내국인 관광객의 건전 알뜰 관광문화가 정착될 수 있도록 건전 관광문화 의식의 제고를 유도하기 위한 안내책자 배포 등이 필요하다. 또한 국내여행 수요의 증가로 인해 환경 훼손, 관광지에서의 무질서, 쓰레기 투기 등 부정적인 요인이 발생할 가능성도 있으므로 이런 관광의 부정적인 요소에 대한 계도성 홍보와 제도적 조치로 건전한 관광문화를 유도해야 한다.

　여행 수요가 증가함에 따라 관련 사업체의 허위·과대광고, 여행일정 변경 등으로 인해 관광객의 피해와 불만요인이 증가할 수 있다. 이를 보상하는 소비자보호보상기구를 설치하고, 사전에 소비자 피해를 방지할 수 있는 제도적 장치를 마련하며, 사업체 자신이 사회적 책임을 인식할 수 있도록 지도하고 계몽하는 노력의 강화가 필요하다. 관광객의 안전 측면에서 관광안전기준을 강화하는 법제도의 정비가 필요하다.

복지관광 상품과 아이디어 개발

　소득계층에 맞춘 관광 상품을 개발하고, 저소득층, 무의탁노인, 청소년 등을 위한 여행비용 할인제도, 할인카드제도, 여행 바우처(할인 및 단체이용권) 제도 등의 도입을 법제화할 필요가 있다.
　비영리단체에 보조금을 지원하여 장애자를 위한 관련시설의 보완을 유도해 나가야 한다. 또한 특별예산을 확보하여 소외계층에게 휴가 장려금을 지원하는 방안 등을 고려해볼 수 있다.
　여가시간의 증대는 여행 수요와 관광 관련 사업체의 공급 변화를 가져와 경제·사회·문화적으로 미칠 영향이 지대할 것으로 예상된다.
　여행 관련 제도의 도입은 여가시간의 증가에 따른 여가 행태와 관광 수요 유형의 변화를 예고하고 있지만 생활의 질 향상이라는 측면에서 여가 욕구를 충족시켜 줄 수 있는 여건을 어떻게 개선할 것인가가 큰 과제로 대두된다고 할 수 있다.
　관광 사업체 부문은 관광 유형과 여가문화 변화에 대해 고객 맞춤형의 여가 상품 공급이 예견되는데, 소득계층별, 연령별, 성별 등을 고려하여 관련 상품 개발을 주도하게 될 것이다.
　이런 흐름에 대한 관광 부문의 대응방안으로 다양한 관광 욕구를 충족시켜줄 수 있는 프로그램의 개발, 이용시설의 확충, 전문 인력 양성과 선진화된 여가문화 인식의 유도 등을 지적할 수 있다.
　특히 소득계층 간의 관광 불균형 해소를 위해 저소득계층에서도 여행

문화를 향유할 수 있도록 정부의 적절한 지원정책과 더불어 관련 사업체의 중저가 상품 개발과 프로그램의 제공이 이루어져야 할 것이다.
(이강욱, 주5일 근무에 따른 관광부문 뉴 트렌드 및 경제효과 전망, 한국관광연구원, 2007)

지자체들이 특산품이나 관광 상품을 팔아 수십억 원의 수익을 내며 대박을 터뜨리고 있다. 전남 보성군은 '해수·녹차탕'을 팔아 연간 10억 원을 벌어들이고 있으며 경북 청도군은 '소싸움' 관광축제상품으로 첫 해인 지난해 수익 30억 원을 냈다. 경남 거제시는 포로수용소를 관광 상품화 하여 작년에 21억 원을 거둬들였다.

이같이 일부 지자체들이 대박 상품을 개발해 재미를 보자 다른 지자체들도 고유 특산품 개발과 민속축제를 관광 상품으로 개발하려는 경쟁이 뜨겁다. 민간기업 못지않은 상품개발과 마케팅·홍보를 선보이는 등 이른바 '주식회사 지방자치단체' 시대가 열리고 있다.

소싸움 축제로 유명한 경북 청도군은 매년 3월에 열리는 소싸움 축제로 한 해 300억 원에 달하는 경제적 효과를 내고 있다는 게 자체 평가다. 경남 거제시는 한국전쟁 당시 거제도 포로수용소를 관광유적공원으로 개발해 88만여 명의 유료 입장객이 찾았다. 입장료, 주차료, 기념품 판매 등으로 21억 원이 넘는 수익을 냈다.

갯벌을 자원으로 갖고 있는 충남 보령시는 세계 5대 갯벌 중 하나로 유명한 청정 보령의 서해 갯벌을 활용한 머드 화장품을 생산해 짭짤한 수익을 올리고 있다. '머드랑'이란 브랜드로 지난해 매출 목표 20억 원을 훌쩍 넘겼다. 선비의 고장인 경북 안동시는 유교문화를 관광자원화해 성공을 거두었으며 드라마 촬영지로 뜬 전남 완도군은 '해상왕 장보고 세트장'으로 한 해 관광객 300만 명 시대를 열었다.

전남 함평군은 '나비의 고장'이라는 이미지를 살려 '함평나비대축제'와 나비를 형상화한 브랜드 '나르다(Nareda)'로, 충남 부여군은 농산물 브랜드 '굿뜨래'로 대박을 터트렸다.

경북 문경시는 폐광의 폐선(閉線)된 석탄운반철로를 철로 자전거 길로 상품화했다. 동심과 향수를 불러일으킨 이 상품은 인기를 끌어 지난해 이용객 22만여 명에 5억 5,000만 원의 수익을 내는 등 지자체의 성공적인 지역개발상품으로 다른 지자체들에 벤치마킹되고 있다.

(조한필 기자, 매일경제, 2007)

제5장 생태관광 발전전략

발전전략의 개요

생태관광은 개별농가의 숙박(민박), 식당에 의한 수익 등 개별적인 부분에 집착하기보다 종합적인 지역경제 활성화의 차원에서 접근하는 것이 바람직하다. 먹거리, 볼거리, 쉴거리, 놀거리, 할거리, 알거리, 살거리 등 생태관광의 자원(거리)을 발굴하고, 이 중에서도 알거리 개발은 극화(documentary)하여 콘텐츠로 보존해야 한다.

직거래를 통한 농산물의 부가가치 창출, 전통공예의 재현과 체험의 사업화, 폐가와 폐교 등 기존 자원의 재활용 등 생태관광에 대한 아이디어는 얼마든지 가능하며, 직접적인 경제효과 외에 마을의 활성화를 추구하거나 도시민과의 교류와 상호 관심을 통해 내적인 의식변화가 쉬워지는 등 부수적인 효과도 기대할 수 있다.

생태관광을 위한 체험 메뉴가 결정되면 요금, 시간, 안내자 이름, 전화번호를 정리하여 배포해야 하며, 농촌 주민들의 일상적인 생활상도 도시민들이 보면 흥미로운 체험거리가 될 수 있다. 먹거리, 볼거리, 쉴거리, 놀거리, 할거리, 알거리, 살거리 등 생태관광의 자원(거리)은 어떤 의미를 부여하느냐에 따라 얼마든지 새로운 체험거리로 등장할 수 있다.

숲에서 보물찾기, 개울가에서 물놀이, 곤충 채취, 논 등 진흙에서의 게임, 설원(雪原) 위에서 동굴 만들고 눈사람 만들기 등 놀이를 병행한 체험

거리는 어떨까. 모내기, 소 돌보기, 간벌(間伐) 등 농사일 체험이나 고구마 캐기, 감자 캐기, 버섯 따기, 귤 따기, 낚시 등의 수확 체험도 가능하다. 떡메치기, 칼국수 만들기, 숯 굽기 등의 가공 체험과 감자조림, 된장·고추장 담기, 김치 담그기 등 요리 체험과 압화(押花) 만들기, 목공예 등 공예 체험도 생태관광의 자원이 될 수 있다. 고무줄놀이, 널뛰기, 연 만들고 날리기, 쥐불놀이, 농악놀이 등 전통놀이도 가능하다.

제주의 경우 '갈옷'이 생태관광 상징물로 선정되어 있듯이 천연염색 작업으로 감물 염색이 장구한 역사와 문화적 배경을 갖고 있다. 최근에는 한라산에 자생하는 다양한 생물자원을 활용한 융·복합 염색에 대한 연구가 이루어지고 있다.

(김형길, 제주지역 관광기념품 경쟁력 강화, 2012, 제주관광학회 하계 학술대회)

현재 우리나라의 섬유산업은 세계 5위로 꼽히는 섬유대국으로 세계시장의 6.1%를 차지하고 있다. 친환경 천연섬유는 3년간 농약이나 화학비료를 사용하지 않는 재료를 사용하여 만드는 제품이다. 이것은 환경을 보호하고 몸과 피부를 보호하는 효과가 있다.

카누, 스키, 스케이트, 골프, 산악자전거, 수영 등 스포츠 체험도 생태관광의 자원이 될 수 있으며 체험공간의 확보와 개발이 과제라고 할 수 있다. 또한 만일의 사고에 대비하여 보험 가입을 의무화해야 한다.

일본에서 심신 단련 교육의 일환으로 개발한 그린 투어리즘도 참고해볼 만하다. 1~2달 동안 자연 속에서의 공동생활을 통하여 공동체 의식을 배양하고 참가자들에게 감상문을 쓰게 함으로써 음식의 고마움, 우정, 환경과 생명의 고귀함을 배우고, 부모와 가족에 대한 정과 고마움을 증대시킨다는 것이다.

생태관광은 건강·장수와도 밀접한 연관을 맺고 있다. 인간의 수명과 관계있는 요인으로는 유전, 식생활, 물, 공해 등의 환경 요인과 스트레스를 꼽을 수 있다. 장수의 큰 적은 동맥 경화(硬化)로 인한 뇌출혈이나 심혈관 경화로 인한 심장마비다. 이를 극복하는 간단한 방법은 식생활 습관의 변화로 혈관을 튼튼하게 하는 행위다.

장수의 가장 큰 저해요인은 스트레스다. 스트레스를 받아서 뇌혈관이 긴장되어 있다가 갑자기 수축되면서 출혈이 일어나면 사망에 이르게 된다. 스트레스는 근육의 긴장과 소화기관의 긴장을 불러오고, 자율신경계가 관장하는 혈관, 심장, 방광, 자궁 등에 문제를 일으킨다.

지중해 식단은 세계적으로 유명한 장수식단으로 손꼽힌다. 지중해 연안에서 나는 자연식품을 이용한 식단으로 이탈리아 사람들이 즐기는 대표적인 음식이다. 파스타, 과일, 야채를 위주로 올리브유, 견과류, 생선 등 불포화지방을 섭취하는 것이 특징이다. 여기에다 심혈관 질환 예방과 노화방지에 효과가 있다는 레드 와인을 곁들인다. 영양소의 구성 면에서 보면 파스타, 야채 등 탄수화물이 50%, 생선과 치즈 등 단백질 성분이 25%, 올리브유, 견과류 등이 25%를 차지하고 있다.

일본 식단(食單)의 특징은 식물성 탄수화물 중심으로 낮은 지방, 적당한 단백질, 적은 소금의 섭취로 표현할 수 있다. 매일 야채와 과일, 2가지 이상의 콩류가 곁들여지며, 구체적인 식품으로는 고구마, 현미, 메밀, 쑥차, 미역, 다시마, 김, 톳 등이 대표적인 식재료이다.

일본인들이 돼지고기를 먹는 방법은 돼지고기에 무, 다시마, 해초류, 정종, 간장 등을 넣어 6시간 이상 푹 삶는 것으로 불포화지방을 줄이는 방법이라고 한다. 80% 이내로 배를 채우는 소식(小食)문화, 나이가 많아도 일을 하는 습관도 장수의 비결로 꼽힌다. 고혈압 등 성인병을 일으키는 소금의 섭취를 줄이는 것도 장수의 비결이다.

　마늘, 고추, 고추장, 된장, 간장 등의 양념들이 모두 노화방지 성분이 풍부하여 건강과 장수에 좋은 식단이 된다. 시금치, 콩나물, 가지, 호박, 버섯, 산나물 등의 식재료는 비타민과 미네랄이 풍부하고 식이섬유가 많아 소화를 돕고 노화를 방지하는 데 탁월하다는 것이 한국음식의 장점이다.
　한국의 음식 중 국물문화는 설렁탕, 곰탕, 매운탕, 육개장과 전골들이 모두 국물을 포함한다. 구물문화의 문제점으로 꼽는 것은 염분과 지방이다. 염분 섭취가 많아지면 수분이 혈액량을 증가시켜 고혈압의 원인이 된다. 곰탕같이 고기를 진하게 우려낸 국물에는 지방이 많아 동맥경화와 비만의 위험도를 높인다.
　한국 음식의 장점은 채소를 풍부하게 먹을 수 있다는 것인데, 시금치, 콩나물, 가지, 호박, 버섯, 산나물 등의 한식 재료는 노화 방지에 좋다. 특히 발효식품인 김치는 식이섬유가 소화를 돕고 배설을 쉽게 하도록 하며, 대장암을 예방할 수 있다. 한국인들이 즐겨먹는 튀김, 전 부침 등은 조금 적게 먹는 것이 좋다.

　콩이나 콩 가공식품을 먹으면 포화지방산 걱정 없이 몸에 필요한 거의 모든 아미노산을 충분하게 섭취할 수 있다. 고기 대신 생선을 먹는 것도 권장할 만하다. 생선은 육류와 거의 비슷한 양의 단백질을 함유하고 있을 뿐만 아니라 생선 기름에 들어 있는 불포화지방산은 건강에 좋은 식품이다. 고기를 먹어야 한다면 쇠고기와 돼지고기 같은 붉은 고기보다 닭고기, 오리고기, 칠면조 같은 흰 고기를 먹는 게 좋다. 닭고기, 오리고기, 칠면조 고기는 쇠고기나 돼지고기보다 지방질이 훨씬 적다.

제주의 10개 약용작물과 효능으로는 1.초롱(백수오)은 피로회복, 정력증진, 불면증 완화, 식용증진에 좋다. 2.도라지는 기관지 질환, 간 기능 개선, 항암 효능, 고지혈증 치료, 알러지 예방에 좋다. 3.방풍(식방풍)은 관절염 치료, 고지혈증 개선, 항당뇨, 항염 식물이다. 4.석창포는 뇌졸중, 항균, 항산화, 살충, 아토피, 비만에 좋다. 5반하는 천식, 비만, 염증, 탈모방지, 피부질환에 좋다. 6.황금은 항산화, 항균, 고지혈증, 항암, 여드름 치료와 예방에 좋다. 7.우슬은 항염, 골다공증, 관절염 치료와 예방, 남성 성기능, 면역기능에 좋다. 8.하수오는 간 기능 개선, 항암, 골다공증 개선, 관절염 치료 효과가 있다. 9.지모는 항균, 항암, 항염, 콜린신경계 개선, 항산화 작용을 한다. 10.백출(삽주)은 항균, 항염, 항비만, 기혈보조, 피부보호 및 피부질환 개선에 도움을 준다.

(제주농업기술원, 제주의 약용작물, 2010)

장아찌는 몸에 쌓여 있는 염분 찌꺼기를 배출시키는 작용을 하는 유익한 음식이다. 만드는 방법도 간편한 편이다. 집 간장에 다시마, 표고버섯과 함께 물을 넣고 소주를 넣으면 장아찌가 만들어진다.

비만, 당뇨, 콜레스테롤, 고혈압 등은 무거운 음식인 육류 때문에 생기는 현대병이다. 정화음식 가운데 녹차는 몸속에 있는 지방을 세척하고 분해하는 기능을 가진다. 녹차의 성분은 여러 번 우려도 30%만 사용되기 때문에 나머지 70%의 성분을 잘 활용해야 한다. 생잎 갈아 만든 수제비도 좋고, 녹차 찌꺼기에 참기름, 간장, 깨를 넣고 무치면 녹차나물이 된다. 산야초는 야생으로 자라 본성이 뛰어나고 에너지가 강한 정화음식이다. (식탁 위의 명상, 대안스님)

녹차 분말 양치질은 커텐킨 성분이 입 냄새를 방지하고 치석을 제거한다. 녹차 분말 한 숟갈과 계란 한 개 노른자를 썩어서 얼굴에 20분 동안 바르면 보습 효과가 있다. 녹차 찌꺼기 베개, 냉장고나 화장실 등의 탈취제, 구두 속이나 옷장의 곰팡이 제거, 육류 쩔 때 냄새 제거 등에 좋으며, 주방 기구에 폴리페놀 성분이 있어 녹을 방지하고 코팅 효과가 있다. 녹차를 프라이팬에 태워서 연기를 내면 포르말린 같은 화학물질이나 페인트 냄새가 제거된다.

(장수의 비밀, 박영순)

　어떤 음식이 좋은 음식, 맛있는 음식일까? 음식을 알고 사랑하는 사람에 따라 기준은 다르겠지만 가장 중요한 것은 "믿을 수 있는 식품이어야 한다."는 것. 즉 신뢰할 수 있고 안전한 음식이어야 한다. 좋은 음식은 자신의 몸속에 세포를 배려하는 음식이다. 식생활은 몸속의 에너지를 공급하는 기본적인 생명 활동이다. 신뢰할 수 있는 음식은 정제되지 않는 당과 자연의 지방이 들어 있고 다른 미각이나 시각을 자극하지 않는 무첨가 식품이다.

(사람은 음식을 만들고, 음식은 사람을 만든다, 안병수, www.foodei.net)

　타임지가 선정한 10대 건강식품으로는 토마토, 시금치, 브로커리, 귀리, 마늘, 녹차, 머루, 견과류, 연어, 적포도주가 포함된다.

(제주농업기술원, 2010)

　농촌·산촌·어촌 마을의 전통과 예술이 공존하는 생태마을의 차별성을 개발하고 경제적으로 풍요로운 문화 마을로의 복원과 함께 자립성을 강조하고 있다.

　제주농촌발전연구소는 생태마을의 유형으로 일곱 가지를 제시하고 있다. 분하여 작물 재배지와 과수를 대여하여 재배하도록 하는 생산수단 대여형, 감귤, 당근, 양배추, 감자, 마늘 등 농가가 재배하는 농작물을 채취하도록 하는 농산물 채취형, 휴식, 관상, 견학 등을 목적으로 목장, 삼림욕장,

농원 등의 농지를 개방하는 위락 공간 제공형, 임야를 개방하여 죽순, 취나물, 고사리 등 산나물이나 임산물을 채취하게 하는 임산물 채취형, 곤충 및 식물 채취와 관찰을 목적으로 식물원, 휴양 곤충원 등 임야를 개방하는 동식물 채취형, 해안, 하천, 캠핑장 등 오락 장소를 제공하는 자연 공간 제공형, 스킨 스쿠버, 승마장, 요트장 등의 장소를 제공하는 형태 등이다.

(제주농촌발전연구소, 농촌관광 활성화 방법론, 2008)

21세기는 보이는 것이 중요한 비주얼(카드 사용 시 포인트 적립, 무이자 할부. 무료배송 및 할인) 시대이다. 그러나 '보이는' 것의 의미는 겉과 외양이 아니라 그 사람이 가진 '매력'을 의미한다. 『이미지 컨설팅』은 끌리는 사람이 되기 위해 자신만의 고유한 매력을 발견하고 그것을 발산하는 방법에 대해 알려준다.

머리카락의 색, 눈빛, 피부색처럼 저마다 타고난 선천적인 색은 더욱 아름답게 보이도록 하고, 개인의 살빛과 외모, 의상, 신체 언어, 목소리 등 외적인 면을 통한 이미지 연출하여, 다른 사람과의 관계를 통한 이미지 연출법, 또 첫 만남에서의 이미지 연출법 등 다양한 상황에서의 성공하는 이미지 연출법에 대해 알기 쉽게 전해주며 자신감을 심어준다.

(홍순아, 이미지컨설팅, 가림출판, 2006)

모든 지식은 관찰에서부터 시작된다. 우리는 세계를 정밀하게 관찰할 수 있어야 한다. 그래야만 행동의 패턴들을 구분해내고, 패턴들로부터 원리들을 추출해내고, 사물들이 가진 특징에서 유사성을 이끌어내고, 행위 모형을 창출해낼 수 있으며, 효과적으로 혁신할 수 있다.

자신의 말 그대로 피카소는 그 유명한 황소 연작물을 시작하면서 처음에는 황소의 모습을 아주 사실적으로 묘사했다. 그는 황소의 몸에서 펑퍼짐한 부분들이 형태를 만들고 있다는 점에 흥미를 느끼고 이 부분에 초점을 맞추면서 연작을 그려나갔다.

로댕의 유명한 작품은 자신의 고유 수용 감각적 상상력에 육체적인 형태를 부여한 것이다. 로댕의 말을 빌자면 모든 시인과 화가, 발명가를 상징하는 한 벌거벗은 남자가 긴장감을 주는 자세로 바위 위에 앉아서 생각에 빠져 있다. 로댕은 "내 작품을 '생각하는 사람'으로 만드는 것은 무엇인가? 그것은 그의 머리, 찌푸린 이마, 벌어진 콧구멍, 앙다문 입술만이 아니다. 그의 팔과 등과 다리의 모든 근육, 움켜쥔 주먹, 오므린 발가락도 그가 생각 중임을 나타낸다."고 말했다.

면역학 연구로 노벨상을 수상한 샤를 니콜은 다음과 같이 말하고 있다. "새로운 사실의 발견, 전진과 도약, 무지의 정복은 이성이 아니라 상상력과 직관이 하는 일이다. 그런데 상상력이나 직관은 예술가나 시인들과도 밀접한 관련을 맺고 있다. 현실로 이루어지는 꿈과 무언가를 창조할 듯한 꿈같은 것이다."

루이 파스퇴르는 실험자가 가진 '환상'은 그의 능력에서 가장 많은 부분을 차지하고 있다고 말한다. 아인슈타인 역시 "창조적인 일에는 상상력이 지식보다 더 중요하다."고 단언한다. 피카소는 "예술은 사람들이 진실을 깨닫게 만드는 거짓말"이라고 했다. 수많은 과학자, 예술가들과 마찬가지로 그는 상상력이 단순히 진실을 발견하게 하는 것이라고는 생각하지 않았다. 그는 상상력이 진실을 이룬다고 생각했다.

우리가 보고, 기록하고, 구축한 모든 것들은 모든 지식의 틀이 뒤틀리는 것처럼 왜곡되곤 한다. 첫째는 우리 시대와 종족의 집단적 압력과 시대적 흐름 때문이고, 둘째는 우리들 각자가 가진 개별적 성향 때문이다.

자신이 무엇을 모르는지 안다는 것, 곧 무지의 패턴을 안다는 것은 무엇을 아는지 아는 것만큼 귀중하다. 노벨상 수상자인 의학자 토머스 웰러의 말에 의하면 "산더미 같이 쌓인 미지의 것들이 과학적 진보의 자극제가 된다."는 것이다. 역시 노벨상을 수상한 물리학자 아이작 라비는 "과학에서 가장 흥미로운 분야는 자신이 무얼 말하고 있는지 본인도 잘 모르는 곳에 자리하고 있다."라고 말한다.

(로버트 루트번스타일, 박종성 역, 생각의 탄생, 에코의 서재, 2007)

한 시대 음악인으로 전 세계에 한류 열풍을 퍼뜨린, 그야말로 싸이의 <강남 스타일> 독무대다. <강남 스타일>은 세계 여러 국가의 싱글 차트에서 1위를 차지하고 했으며, 그 당시 빌보드 차트에서도 호시탐탐 1위를 노리고 있던 상황이다. 유튜브(YouTube)는 세계 최대의 무료 동영상 공유 사이트로, 사용자가 영상 클립을 업로드하거나, 보거나, 공유할 수 있다. 뮤직비디오 조회 수는 연일 상승하고 있으며 사람들의 호응도를 판단할 수 있는 '좋아요' 클릭 수는 이미 기네스북에 기록될 정도이다.

싸이는 월드 스타라는 말이 부끄럽지 않을 정도로 성공하였다. 하지만 싸이 본인을 포함한 그 누구도 <강남 스타일>이 이렇게 성공할 것이라고는 예상하지 못했다. 그렇다면 아무도 상상하지 못했던 <강남 스타일>의 성공과 세계적인 흥행의 원인은 무엇일까? 누구에게나 적용할 수 있지만 아무도 쉽게 시도하지 못하는 싸이의 성공 비결은 모든 사람이 싸이와 같은 삶을 살 수는 없지만, 싸이를 통해 행복한 삶을 살아갈 수 있다는 메시지를 전해준다. 그의 성공 비결에서 지금 자신이 누릴 수 있는 행복한 삶이 무엇인지 찾을 수 있다.

싸이는 2001년 <Psy From The Psycho World>라는 앨범으로 가요계에 데뷔했다. 어느새 데뷔 12년의 중견 가수라고 할 수 있지만 사실 싸이가 제대로 활동한 기간은 3년에 지나지 않는다. 단순히 사고가 많았던 것이 전부가 아니다. 싸이는 더 이상 가수 활동을 할 수 없었을 정도의 위기를 여러 번 겪었다. 그러나 싸이는 결코 포기하지 않았다. 그리고 결국 자신의 꿈을 이루었다. 간혹 싸이의 성공을 운으로 치부하는 사람들도 있다. 그러나 위기를 기회로 바꾸는 데 필요한 것은 운이 아닌 노력이다. 싸이는 꿈을 이루기 위한 노력을 아끼지 않았으며 끊임없이 도전하였다.

『논어』 중에 "알기만 하는 사람은 좋아하는 사람만 못하고, 좋아하는 사람은 즐기는 사람만 못하다."라는 말이 있다. 그만큼 사람에게 있어서 자신이 하고 싶은 일을 하는 것이 중요하다는 사실을 말해주는 내용이다.
(최종태, 싸이 지치면 지고 미치면 이긴다, 형설라이프, 2012)

태고의 황당한 이야기로만 여겨졌던 신화가 최근 들어 대중적으로나 학문적으로 각별한 관심의 대상이 되고 있다. 그 이유는 무엇일까? 엄숙하게 말하자면 과학의 발달로 인간 정체성이 위협을 받는 이 시대에 반사적으로 우리의 본래 모습을 돌아보기 위함이기도 하고, 차디찬 이성주의와 합리주의에 염증을 느껴 포근한 감성의 세계를 동경해서이기도 하지만, 현실적으로 말하자면 디지털 문화의 꽃이라 할 수 있는 영화, 애니메이션, 게임 등 문화산업의 주요 소재가 환상을 바탕으로 삼고 있기 때문이기도 하다. 아무튼 신화는 이제 우리가 현대를 살아가면서 모르고 지낼 수 없는 중요한 상식처럼 되었다.
(정재서, 신화적 상상력과 문화, 이화여자대학교출판부, 2008)

생태관광산업의 경제파급 효과

지역에 적합한 생태관광 상품의 개발을 통해 삶의 질 향상과 소득증대를 꾀할 수 있다. 도시민의 건전한 농촌 체험을 통하여 생활의 변화와 더불어 자기성취와 만족감을 제공할 수 있다. 청정한 환경은 농촌생활의 가치를 제공하고 삶에 의미를 부여한다. 최근 들어 논의되고 있는 지방분권화 운동의 궁극적 목표는 지방경제 활성화에 의한 지역의 균형 발전이라고 할 수 있다. 이러한 목표를 실현하는 데 있어서 생태관광은 중요한 역할을 담당할 수 있다.

생태관광이 지역 균형 발전에 이바지할 수 있는 것은 관광 부문이 낙후되어 있는 지역의 개발과 지방경제 활성화에 많은 도움을 줄 수 있기 때문이다. 과거에는 총량적 성장정책에 따른 공학적 개발논리로 입지적 특성상 공업화가 어려운 지역은 낙후지역으로 전락하는 결과를 초래하였다. 그러나 산업화와 도시화에서 소외된 낙후지역들은 오히려 자연환경의 보존상태가 양호하여, 생태관광(eco-tourism) 또는 녹색관광(green tourism)과 같은 친환경적 관광 수요 증가에 따른 관광 개발의 잠재력이 높다.

지역관광개발은 주민의 소득증대와 고용 유발 효과를 가져 올 수 있다는 점과 농업, 수산업, 임업 등과 같은 1차 산업의 경제기반을 강화할 수 있고, 지역의 교통, 통신, 의료 및 기타 사회간접자본시설 확충 효과를 가져와 지방경제 활성화에 기여할 것으로 기대된다. 특히 WTO 체제 출범에 의한 농산물시장 개방으로 농촌경제는 많은 어려움 겪고 있는데, 이러한 변화에 대처할 수 있는 대안 중의 하나가 녹색관광과 같은 농촌지역 관광개발이라고 할 수 있다.

농촌지역 활성화를 위한 대안으로 떠오른 생태관광 개발의 유용성은 관광활동을 매개로 도시지역 관광객과 농촌지역을 연결하여 도농(都農)이 상생하는 모델을 만들어낼 수 있다는 사실이다. 민박 및 농산물 직거래로 소득증대 효과를 기대할 수 있고, 생태관광에 의해 생산자와 소비자가 생산현장에서 만남으로써 직거래 및 정보교환을 통해 부가가치가 높은 농산물 재배와 안정적인 판로 확보를 기대할 수 있어서 농산물 시장변화에도 적절하게 대처할 수 있는 계기가 될 것이다.

시장개방과 더불어 농촌인력의 노령화와 농촌인구 감소로 유휴농지가 증가되고 있는 점을 감안하면, 농어촌 지역의 관광개발은 국토 이용의 효율성을 높일 수 있는 기회가 될 수도 있다. 또한 관광은 지역의 자연환경과 역사·문화를 바탕으로 한 민예품, 특산물, 토속음식 등을 제조·판매하는 지연(地緣)산업 육성을 통해 지방경제 활성화에 이바지할 수 있다는 점에서 생태관광의 역할과 중요성을 찾을 수 있다.

그러나 생태관광이 지역발전에 있어서 많은 역할을 담당할 수 있지만, 접근방법이 잘못될 경우에는 실효성을 거두기 어렵다. 지역의 관광산업은 재화와 용역을 다른 지역에 수출하여 소득을 증대시키는 경제기반 활동으로 지역경제 활성화에 기여할 수 있다. 하지만 지방의 경제적 여건을 반영하지 않고, 외부자본에 의존한 관광개발 사업은 시설과 공간이 고급화되고, 대규모로 조성되게 마련이라 실질적으로는 지역경제에 기여하는 바가 적게 나타날 수 있다. 다시 말해 외부자본에 의해 조성된 관광산업은 사업운영에 의한 이익의 유출이 클 뿐만 아니라 다른 지역 노동력과 계절노동자의 유입으로 지역 내 고용효과도 기대만큼 높지 않기 때문이다.

따라서 지역 관광산업 활동에 의한 경제적 파급효과를 극대화하기 위해서는 지방의 경제적 여건과 자연환경, 역사·문화와 주민의 요구가 반영된 개발전략을 탐색할 필요가 있다. 주민 참여가 배제되고, 상업적인 외부자본에 의해 추진되는 관광개발은 관광 소득 누출로 주민소득 증대에 기여하지 못할 뿐 아니라 지나친 상업적 요인으로 삶의 공간마저도 파괴될 수 있기 때문이다.

이러한 관점에서 관광산업의 경제적 파급효과를 극대화하기 위한 방안 모색은 개발 과정부터 주민 참여를 토대로 조성된 시설 및 공간을 관광객과 주민이 공유할 수 있도록 하여, 궁극적으로는 방문객과 지역주민 간에 인간적 우정이 생겨날 수 있도록 환경을 조성하는 개발전략의 탐색에서 대안을 찾을 수 있을 것이다.

태관광산업의 경제효과를 극대화하기 위한 방안을 논의하기 위해서는 정확한 정의가 전제되어야 한다. 왜냐하면 생태관광산업에 대한 정의와 범위를 확대 해석하여 적용할 경우, 경제적 파급효과가 과대 추정되는 결과를 낳기 때문이다.

이러한 추정 결과는 지방정부가 관광개발을 업적 과시용 또는 선심성 정책으로 추진하여, 전시효과로 끝나거나 주먹구구식 개발로 진행되어 지역경제뿐만 아니라 지역의 문화와 환경을 망쳐놓을 수도 있는 계획이나 결과에 당위성을 부여하거나 면죄부를 줄 수 있기 때문이다.

주지하듯이 관광산업은 숙박, 오락, 서비스 등으로 구성된 복합·종합산업이기 때문에 전통적 산업부문에서 분류하는 것과 같이 하나의 개별산업으로 정의하여 경제적 파급효과를 추정하는 데는 많은 어려움이 있다. 따라서 복합 산업으로서 특성을 지니고 있는 관광은 경제발전의 원동력으로 제반 산업에 폭넓게 영향을 미치는 경제·사회적 현상일 뿐, 하나의 산업으로 정의하는 것은 잘못이라는 주장이 제기되기도 한다. 이러한 견해에 대해 관광은 관광객들의 소비지출에 의한 경제활동인 점을 감안할 때 분명히 하나의 산업이며, 그 규모 또한 매우 크다고 할 수 있다.

　이와 같은 이견(異見)이 일어나는 것은 관광산업의 정의가 관광, 관광객 등과 같은 기본개념에 의존하여 여행의 목적, 기간, 장소, 거리 등에 대한 적용범위의 명확성을 요구하고 있지만, 각 국가의 상황에 따라 다르게 나타날 수 있기 때문이다. 다시 말해 관광산업은 관광시장에서 관광객과 나들이객으로 정의된 사람들에게 숙박, 교통, 관광자원 등과 같은 재화와 용역을 공급하는 조직체라고 할 때 이와 관련된 관광의 정의와 관광객을 대상으로 한 매출의 구성비가 관광산업으로 분류하는 데 있어서 중요한 역할을 한다고 할 수 있다.

　따라서 일반적으로 관광산업으로 분류하는 숙박, 식음료, 교통운수업과 문화오락서비스업 등은 관광객뿐만 아니라 지역주민들도 이용하고 있기 때문에, 지역주민을 배제한 채 하나의 관광산업으로 분류하는 것은 적절하지 않다. 물론 관광객이 없다면 항공 산업과 같이 산업 자체가 존재할 수 없는 순수 관광산업도 있지만, 대체로 관광산업은 지역주민과 관광객에게 공통적으로 재화나 용역을 판매하는 혼합된 성격을 갖고 있다. 이러한 점에서 관광산업은 발생되는 주 수입원이 관광객과 지역주민 중 어느 곳의 비율이 높은가에 따라 구분하는 것이 바람직하다.

　이런 측면에서 지역관광산업의 경제적 파급효과를 극대화하기 위한 취지의 관광산업에 대한 논의는 지역주민과 관광객이 혼합적으로 이용하는 것을 전제로 할 필요가 있다고 하겠다. 또한 관광산업의 특성과 더불어 대체로 관광 개발은 지역주민의 공유자산이라고 할 수 있는 지역의 고유한 문화적 자원과 자연환경을 중심으로 이루어지고 있다는 점을 고려해야 한다. 이것은 관광개발 과정에 지역주민의 참여를 유도하고, 개발이 완료된 다음 시설과 공간의 이용에 있어서 관광객과 주민이 공유할 수 있게 하는 것이 필요하다는 의미이기도 하다. 관광개발의 궁극적 목표는 개발 대상지역 주민들의 요구와 참여를 통해 주민복리 증진의 효과를 기대할 수 있기 때문이다.

이러한 목표의 필요성은 골프장과 같은 고급 위락시설 개발 과정에 많은 갈등이 발생하고 있는 데서 찾을 수 있다.

다시 말해 외부자본 유치에 의해 고급화된 관광시설과 공간은 지방정부의 재정수입 증대는 가져 올 수 있지만, 주민의 삶의 공간(空間)을 희생한 대가에 비해 소득과 시설 및 공간의 이용 측면에서 그 실효성을 기대할 수 없기 때문에 갈등이 제기된다고 하겠다.

역설적으로 골프장이 개발된 후 해당 지역 주민들이 이용하는 데 아무런 부담과 제약이 없을 뿐만 아니라, 그러한 시설 및 공간이 주요 소득원 역할을 할 경우라면 주민들이 굳이 반대할 이유가 없기 때문이다. 결국 관광개발에 의해 지역에 유치된 관광사업 활동이 지역주민의 이용을 배제할 수 없고, 이러한 사업 활동은 지역의 공유 재산적 성격을 갖고 있는 관광자원을 토대로 이루어지고 있다는 점을 고려해야 한다.

이러한 관점에서 지역경제 측면의 관광의 경제적 파급효과 극대화는 그 효과가 역내에 정착되는 것을 전제로 할 때, 관광개발 방식 역시 개발대상 지역 주민의 요구와 참여를 바탕으로 진행되어야한다. 이것은 관광산업활동이 지역의 부존자원과 전통적 기술을 토대로 하는 지연(地緣)산업과 연계될 때 소득 유출을 최소화할 수 있고, 발생된 관광소득의 역내 정착 정도가 최종적으로 승수효과를 결정하는 원인이 되기 때문이다.

관광에 의한 특정 지역주민의 소득, 고용 및 부(富)에 대한 효과를 밝히는 경제적 효과분석은 지역 특성에 적합한 공공 및 민간부문의 관광개발 전략 수립과 개발사업 추진을 위한 정책 및 계획수립의 지침으로 활용될 수 있다. 이것은 유럽과 북미에서 관광이 도시 및 지역경제 활성화 수단으로 재인식되고, 지방정부의 공공투자에 대한 정당성과 경기 회복책(pump priming)으로 민자 유치를 위한 개발계획의 정당성을 확보하기 위해 그 필요성이 증대되어 관광의 경제적 효과 측정에 대한 관심이 다시 주목을 받기 시작하였다.

관광의 경제적 효과분석은 대상 지역과 측정방법에 따라 그 결과가 다양하게 나타나고 있다.

말하자면 지역의 경제적 자립도, 관광자의 유형, 관광시설의 소유주, 토착 노동력의 비율, 현지 주민의 소비성향 등과 같은 요소와 측정방법에 따라 관광개발의 경제적 효과가 다양하게 나타난다. 그러나 일반적으로 관광승수가 지역보다 국민경제에서 대체로 높게 나타나고 있다.

또한 관광산업의 경제적 효과를 지역산업 연관 모형으로 경주와 제주지역을 비교분석한 결과, 제주지역의 소득승수가 0.4862으로 0.3833으로 나타난 경주지역보다 높게 나타났지만, 간접효과의 경우에는 제주지역이 0.0982인데 반해 경주지역에서는 0.2288로 높게 나타나 경주지역보다 제주지역의 누출효과가 상대적으로 높은 것을 알 수 있다. 이러한 결과는 관광객의 1차 소비지출은 제주지역이 높게 나타나고 있지만, 제주지역 경제구조 특성에 있어서 외부 의존도가 높아 관광객 소비지출에 의한 소득의 회전율이 경주지역에 비해 낮기 때문이라고 할 수 있다.

이와 같이 지역 및 국가와 산업별, 이용 형태별로 다르게 나타나고 있는 것을 종합해 보면, 국가 및 지역경제의 구조적 특성에 의한 관광수입의 누출 정도에 따라 관광의 승수효과가 결정되고 있다. 다시 말해 관광 수입의 역외 누출 요인은 역외자본 점유율과 역내 한계소비성향에 의해 결정되는데, 대부분의 개발도상국가와 지방은 경제구조가 취약하여 초기 자본투자가 많이 소요되는 관광개발에 있어서 대외자본 의존도가 높으며, 지방경제 침체로 이입유발효과가 높은 특성을 갖고 있기 때문이다. 따라서 지역경제에서 관광개발의 효과가 역내에 정착되도록 하는 것이 과제이다. 관광효과를 역내에 정착시키기 위해서는 관광개발에 대한 접근방식이 중요한 역할을 한다. 즉 관광개발은 개발대상 지역 주민의 요구(needs)와 참여에 부응하고 지역의 부존자원 개발과 활용을 통해 지역경제의 활성화와 자주성 확보에 기여할 수 있어야 한다. 이러한 개발 철학과 전략이 관광개발에 반영될 때, 경제적 파급효과를 극대화할 수 있기 때문이다.

관광개발 효과를 고려한 대안적 관광은 지역주민의 경제적, 심리적, 사회적, 문화적 여건을 고려하고, 주민의 자본참여에 의한 시설운영과 소득증대, 고용효과를 가져 올 수 있어야 한다. 또한 시설 및 공간 이용에서 주민이 배제되지 않는 것을 의미한다. 이러한 개발방법은 지역의 고유성과 조화를 이루고 개발의 규모를 소규모로 하는 것을 전제로 하고 있다. 관광개발에 있어서 외부에 대한 의존도와 역류 효과를 감소시키기 위한 소규모 개발전략은 기본수요이론에 의한 선택적 공간폐쇄(select ivespatial closure)전략에 의해 검토될 수 있다.

전체적인 성장 결과에도 불구하고 지역 간의 격차와 소득의 재분배가 이루어지지 않아, 지역개발정책에서 새로운 접근방법으로 모색된 기본 수요전략(basic needs strategy)은 주민의 요구와 참여를 바탕으로 개발효과가 주민의 기본적 수요를 충족시키고, 지역 특성에 적합한 자립개발을 의미한다. 기본 수요전략을 지역개발의 차원에서 보면 하향적, 거시적, 거점적인 개발보다는 상향적, 미시적, 복지적인 개발을 의미하고, 중앙정부에 의한 거점개발보다 주민의 참여와 요구를 토대로 하고, 지역의 부존자원 활용 및 개발에 있어서 내발적 개발(development from within) 또는 밑으로부터의 개발(development from below)이라는 개발철학에서 출발하고 있다.

기본수요 이론에 의한 공간 전략은 소단위의 지역중심 또는 지역개발센터의 육성을 중심으로 한 분산화(decent realization) 정책과, 외부에 의한 의존도와 역류효과를 감소시키기 위한 선택적 공간폐쇄 전략에 역점을 두고 있다. 이러한 전략에 의해 개발이 이루어질 경우 지역의 자체개발 능력이 향상되어 자주성(self-reliance)을 확보할 수 있기 때문이다. 지역의 자주성 확보는 생산요소의 효율성 증대로 잉여수익이 발생되며, 그 잉여수익은 지역에 재투자되어 지역경제의 활성화를 가져와 지역발전에 기여하는 것을 의미한다.

지역의 자주성을 강조하여 생산요소의 외부 유입을 선별적으로 차단하는 선택적 공간폐쇄 전략은 지역개발 이론의 실효성 측면에서 이상적인 이론으로 비판을 받았지만, 관광개발은 지역의 고유한 자원을 중심으로 이루어지고 있다는 점에서 검토될 수 있는 전략이라고 할 수 있다. 따라서 관광개발의 경제적 효과를 극대화하기 위해서는 농어촌 지역과 같은 자연지역에는 저밀도의 개발과 함께 규모를 소규모로 하여 개발과정에 지역의 주민참여를 유도하고, 시설 및 공간을 관광객과 주민이 공유할 수 있도록 하여 궁극적으로는 방문객과 주민 간의 인간적인 우정이 생겨날 수 있는 환경을 조성하는 것이라고 할 수 있다.

결론적으로 관광에 의한 관광소득 승수의 결정은 지역경제구조에 의한 소득의 누출 정도에 의해 결정된다. 따라서 관광의 경제적 파급효과를 극대화하기 위해서는 지역 실정을 고려한 관광개발 전략을 모색하는 것이 중요한 요소로 작용한다.

이러한 점에서 지방의 관광개발은 지역의 사회·문화 및 경제적 여건과 주민의 심리적 특성을 반영할 수 있는 주민참여를 바탕으로 소규모의 점진적 개발전략으로 진행하는 것이 필요하다고 하겠다.

(김규호, 관광산업의 지역경제 파급효과, 경주대학 관광개발학과, 2007)

여가는 일로부터 자유로운 시간으로 자아실현, 자기계발을 위한 사교활동, 문화·관광활동 등을 포함하고 있다. 산업사회의 발달과 함께 일과 여가 시간 간의 구분이 명확해짐으로써 여가 관련 산업이 등장하게 되었고, 현대사회에서는 개인의 삶의 질 향상 측면에서 여가활동이 생활의 중요한 부분으로 인식되고 있다.

특히 포스트모던 사회에서는 소비활동과 여가활동이 특색 있는 스타일로 바뀌면서 복잡 다양한 형태의 여가문화가 창출되고 있다.

여가시간의 증대로 다양한 형태의 여가문화가 창출될 것으로 전망되고 있는데, 여가활동 중에서도 관광 부문에서 큰 변화가 예상된다. 관광수요 부문에서는 국가별 해외관광의 수요 증대를 추측해볼 수 있고, 또한 관광 유형의 변화 가능성도 높다. 기존의 대량관광 형태에서 포스트모던 사회에 맞는 개성적인 관광 유형이 증대할 것으로 예상된다. 즉 문화관광, 체험관광, 환경 친화적 관광 등 시간, 돈, 지식 등을 기본 전제로 차별성이 높은 관광유형의 등장이 예견된다.

관광활동에 영향을 줄 수 있는 임금제도의 변화, 고용구조의 변화 등에 의해서 소득의존형, 시간소비형, 중저가형, 절충형 등 여러 가지 관광형태를 전망해볼 수 있다.

여가시간의 확대라는 측면에서는 새로운 관광유형의 필요조건을 제시하고 있지만, 이런 제도의 도입에 따라 상대적으로 소득이 낮은 계층 또는 소외계층의 경우 여행의 불균형과 같은 문제점도 예상할 수 있다. 이에 따라 여가관련 산업에서는 소비자의 선호에 부합하는 다양한 상품개발이 예상되며, 여가 소비에 의한 경제적 효과도 커질 것으로 보인다.

근로시간 단축에 따른 관광 유형의 변화를 보면 첫째로 가족지향형 가치관의 형성으로 가족 단위의 여가활동과 여행수요 증대의 보편화가 예상된다. 휴일 활용에 관한 조사에 의하면 가족과 함께 30%, 취미생활과 여행 28.6%, 능력 개발 15.4%, 휴식 5.9% 등 가족과 함께 휴일을 보내고자 하는 비율이 높음을 알 수 있다. 또한 자동차의 대중화로 가족단위 이동이 용이해지고 가전기기의 보급 확대에 따라 주부의 자유시간이 늘어나 가족단위 여가생활을 확대시킬 것으로 전망된다. 주말 가족 중심의 여행문화가 정착될 것으로 예상된다.

둘째로 관광 유형은 금전소비형에서 시간소비형으로 초점이 옮겨갈 것이다. 과거 시간절약형의 여행행태에서 증가된 자유 시간을 여행으로 적극 활용하여 풍요로운 삶을 누리고자 하는 욕구가 늘어날 것이다. 따라서 당일관광보다는 주말을 적극적으로 활용하는 1박2일 또는 2박3일과 같은 숙박관광의 증대도 예상할 수 있다. 뿐만 아니라 여행 목적지에서도 비교적 시간이 소요되는 체험관광, 스포츠 등과 같은 자기 개발에 중점을 두는 관광활동을 할 것으로 전망된다. 이에 따라 시간 소비에 따른 관광객의 욕구를 충족시켜 줄 수 있는 관광 체험 프로그램과 자기계발형의 관광 프로그램에 대한 수요가 증대할 것으로 전망된다.

셋째로 물질생활이 풍요해질수록 사람들의 지적 자기실현 욕구는 높아지게 마련이다. 문화적 목표가 생활의 중심으로 나타나게 되고 여행활동도 자아실현과 자기계발을 추구하는 유형으로 확대될 것이다. 최근에 인터넷 사이트에는 취미를 공유하는 직장 단위의 동호회가 활성화되고 있고, 소규모 탐사여행 등을 위한 여행 동호회도 많이 등장하고 있다. 이들의 여행 행태는 유적답사, 전통문화 탐구 등 문화 교양 창조형의 여행 수요를 주도하고 있다. 여행 수요에 있어서는 다양화, 차별화가 가속화될 것으로 예상되며, 관광객 자신이 교육과 자기계발을 위해 자신에게 적합한 여행상품을 스스로 개발할 가능성도 높다고 할 수 있다.

넷째로 여가생활에 익숙한 20~30대 초반의 여가세대의 급부상은 단순 소비에서 모험과 체험에 중점을 두는 적극적 참여형의 여행소비의 증가로 이어질 것으로 전망된다. 스포츠 영역에서도 급류타기(래프팅), 트레킹(도보여행, 집단여행), 스킨스쿠버 다이빙, 행글라이딩, 암벽타기, 번지점프 등 관광과 스포츠가 연계된 복합형의 여행수요가 지속적으로 증가할 것으로 전망된다. 해외여행 형태에 있어서 젊은 세대는 단체관광 형태의 수동적인 여행보다는 유럽, 북미 등지로의 배낭여행이나 동남아, 아프리카 등으로의 현지체험을 추구하는 여행수요가 증가할 것으로 전망된다.

다섯째 자연친화적 여행을 통해서 쾌적한 삶을 즐기면서 잃었던 건강을 되찾으려는 건강 중심의 여가활동도 증가할 것으로 전망된다. 한 설문조사에 따르면 "돈을 버는 것보다 건강을 지키는 것이 더 중요하다."라고 답한 응답자가 76%로 나타난 것을 고려해볼 때 건강추구형의 여가여행이 증대될 것으로 전망된다.

도시근교의 주말농장이나 전원주택 등이 인기를 끌고 있는 것도 이러한 추세를 반영한 것이라 볼 수 있다. 중장년 세대는 농촌에 대한 향수를 충족시킬 수 있고 어린 자녀들은 현장 체험을 통한 자연공부를 할 수 있기 때문에 자연 밀착형의 여가활동은 꾸준히 증가할 것이다.

여섯째 개인들은 늘어난 시간을 어떻게 사용할 것인가에 관심을 가지게 될 것이고, 전반적으로 문화 활동이 증가함에 따라 이에 따른 지출에 대한 부담도 상대적으로 증가할 것으로 예상된다. 따라서 중저가형의 문화 여가활동을 선호하게 될 것이고 특히 소득이 함께 증가하지 않을 경우 즉흥적인 주말여행보다는 계획적인 여가활동과 여행 계획을 수립하는 적극적인 여행수요가 늘어날 것으로 전망된다.

관광유형의 변화에 따라 관광 사업체 부문에서도 변화를 예상할 수 있는데, 숙박시설 부문에서 가족형 중심의 사계절형의 휴양 콘도미니엄이 확대될 것으로 전망된다. 특히 여가수요 증대에 따라 숙박시설 공급과 더불어 수영장, 스키장, 사우나 등의 주요 시설을 갖추고 중산층을 대상으로 하는 중저가형의 숙박시설의 증가가 예견된다. 한편 고소득층을 겨냥한 고급 숙박시설도 증가할 것으로 전망되는데 이들을 대상으로 고급 스포츠로 여겨지는 골프와 스키 여가활용 상품이 등장하게 될 것이다. 이에 적합한 숙박시설의 형태는 리조트 단지 형태의 숙박과 여가활동을 겸한 고급 리조트 단지의 성장을 예견할 수 있다.

여행업계에서는 다양한 여행 프로그램을 개발함으로써 국내 관광 상품이 다양해질 것으로 예상된다. 고객들도 주말 맞춤형의 여행상품을 선호하게 되어 여행사는 창조적인 여행 상품 개발로 여행수요의 변화에 대응할 것이다. 더불어 관광사업 관련 업체들에서도 수요자 욕구에 부응하는 서비스로의 전환이 예상된다. 가족 중심형의 여행수요 증대를 예견해볼 때 테마파크의 활성화가 전망된다. 도심형 테마파크와 농어촌형의 테마파크의 등장을 예견할 수 있다. 또한 대도시를 중심으로 도심공간의 변화가 예상되며 도시주민들의 여가 욕구를 충족시켜 주기 위해 다양한 스포츠 시설과 문화공간의 공급이 증가할 것으로 전망된다.

한편 가치관과 생활환경의 변화로 개인별 취향이 점점 더 개성화되고 이로 인해 관광부문의 새로운 직업군이 창출될 것으로 예상된다. 예를 들면 특수한 문화에 대한 관광문화 해설사, 관광안전 지도요원, 가족 여가 컨설팅, 자원봉사자의 확대 등이 예상된다. 여유시간의 증대는 관광수요를 증가시키고 이는 타 산업에도 영향을 미쳐 경제적으로 내수시장을 활성화시키는 촉매제 역할을 할 것으로 예상되며, 또한 사회문화적으로 여가와 노동에 대한 인식의 변화를 가져올 것으로 기대된다.

체육과학연구원 조사에 의하면 현재 주말여가와 희망여가를 묻는 설문에서, 주말여행은 1.7%에서 21.5%로, 등산과 낚시는 2.3%에서 10.2%로 증가할 것으로 나타났고, TV 시청과 비디오 감상은 28.6%에서 2.1%로 감소할 것으로 조사되었다.

따라서 실내 중심의 단순 여가활동에서 야외 중심의 동적인 여행 형태의 여가유형이 크게 증가할 것으로 추론할 수 있다. 당일 또는 숙박 여행의 기존 여행 추세 적용을 통해 국내여행 수요를 예측해 볼 수 있다.

관광객의 이동 규모에 따른 관광객 수에 이들의 지출액을 추정하여 최종 수요의 발생으로 인한 경제파급 효과를 추정할 수 있으며, 관광소비수요, 관광 사업체의 투자 지출 및 정부의 투자 지출에 의해서 경제적 효과를 추론할 수 있다. 관광 지출 규모 증대효과는 1인당 관광 지출액을 약 3만 6천 원으로 전제했을 때 향후 6년간 총 11조 4천억 원 증대(연평균 1조 9천억 원 증가) 규모의 관광시장이 예상된다.

생산유발 효과는 연평균 2조 9천 8백억 원으로 추정되며, 고용유발 효과는 연평균 11만 7천 8백 명 규모에 해당하는 것으로 추정된다. 소득유발 효과는 연평균 약 7천 220억 원으로 추정된다.

생태관광 상품개발은 주민참여

　사회적 일자리 사업의 단기적 성과에 매몰된 중앙부처의 칸막이와 자치단체장의 따로 놀기, 미궁에 빠진 시민사회단체 등 이해자 상호간의 권력관계를 선명하게 그려내고 있는 책이다. 상대적으로 경쟁력이 취약한 계층의 자립심 육성 측면에서 시행하는 사회적기업과 마을기업이 시장에서 왜 충돌하는지에 대한 내용을 담고 있다.
　사회적 가치를 실현하거나 지역공동체 복원이라는 방향을 잃어버리고 고용창출의 숫자놀음에 참여하는 사람들이 속병으로 몸살을 앓고 있는 현상을 적시하고 있다. 시민의 공감대가 형성되지 못하고 계속해서 공적자금에 의존하려고 하는 좀비기업들에 대한 철저한 비판도 마다하지 않았다. 착한기업이라는 이미지 속에 감춰진 불편한 진실을 들춰내어 현실적인 대안을 제시하고 있다.
　마을기업과 사회적기업의 차이가 무엇인지에 대해서도 체계적인 검증을 통해 비교하였다. 국민의 세금으로 운영되는 고용창출 사업이 투입 대비 산출 효과도 미미하고, 근원적 목표도 달성하지 못하고 있다. 참여하는 집단은 단순히 정부보조금 파생상품으로 인식하고 있다. 이러한 관점에서 마을기업과 사회적기업의 발전과 상생 전략에 대해 논의하고 있다. 취약계층의 지속 가능한 일자리창출이 가능한지, 지역 활성화에 도움을 줄 수 있는지에 대한 해답을 풀어가고 있다.
　지방자치, 자립증진, 지역 살리기를 위해 마을기업과 사회적 기업을 활용하는 방법과 정부, 기업, 시민이 함께 하는 거버넌스(해당 분야의 여러 업무를 관리하기 위해 정치·경제 및 행정적 권한을 행사하는 국정관리 체계를 의미한다.)가 실제적으로 적용될 수 있는 그림을 그려내고 있다. 또한 정책 결정자의 인내심과 장기적 안목, 시민의 공감대 형성과 적극적 참여가 전제되어야만 지속 가능한 사회적 일자리 정책이 성공할 수 있다는 견해를 밝히고 있다.

(양세훈, 마을기업과 사회적기업의 거버넌스, 이담북스, 2012)

    1995년 지방자치제도가 시행되면서부터 지역경제 활성화를 위하여 지역의 문화자원을 활용한 산업적인 축제들이 개최되기 시작하였으며 축제의 정체성 확립, 이미지 구축, 경제적 파급효과 등을 창출하기 위하여 캐릭터를 도입, 활용하고 있다. 문화관광 축제의 경우 4년간 캐릭터 도입 비율은 평균 63.33%로 축제의 안정적인 운영과 활성화를 위하여 캐릭터의 활용이 점차 높아져 가고 있지만, 운영적인 측면에서는 다양한 문제점들이 발생되는 실정이다.

    축제에서 캐릭터 도입과 활용 및 운영에 관한 여러 가지 문제점과 그에 따른 발생요인들을 자세하게 파악하기 위해 1단계로 2012 문화관광 축제를 대상으로 캐릭터 도입 현황과 축제 발전에 미치는 영향 및 상관관계 조사를 실시하였다. 2단계로는 축제 전문가들의 현장 검증을 통하여 작성된 2011 문화관광 축제 종합평가보고서의 내용과 선행연구 자료를 토대로 객관적이고 전문적인 관점에서 캐릭터 활용 실태와 문제점을 분석하였으며, 3단계로는 2012 문화관광 축제의 운영자를 대상으로 설문·전수조사를 실시하여 축제 캐릭터의 접목과 활용 실태 관련 현황과 문제점 발생 원인을 분석해 보았다.

    또한 사례연구를 통하여 문제점 해결 방안을 모색하였으며, 결론 부분에서 축제의 정체성 확립, 지속적이고 안정적인 캐릭터 활용과 경쟁력 강화를 위한 4가지 발전과제를 제시하였다.
(김종원, 축제 캐릭터 활용 실태와 문제점 분석을 통한 발전과제 연구, 한국디자인트렌드학회, 2012)

농촌의 부존자원은 농·수산물 작업과 농·수산물, 생태관광, 자연관광, 역사와 문화, 농업·산림업·수산업 생활 자체에 이르기까지 마을 또는 지역마다 관광자원은 보는 시각에 따라 많다고 할 수 있다. 개발은 농촌 고유의 유형·무형자원을 어떻게든 발굴하여 활용을 잘해야 한다.

유형의 관광 상품 개발은 생활환경을 포함한 물리적인 시설이나 자연환경을 정비하는 것 등이며, 축제나 이벤트와 연성적인 것도 포함하면 더욱 좋다. 도시민과 농촌의 교류는 사람, 물품, 서비스, 정보, 문화를 포함한 상호관계이어야 한다.

또한 지역주민의 개발 한계를 극복하기 위해서는 산학연(産學硏)과의 협의 아래 마케팅 전략을 수립해야 한다. 관광의 특성이 체험관광이나 관광 레저 활동, 교육적 활동을 중요시하는 패러다임 전환으로 인해 현장에서 가장 선호하는 경쟁력 있는 시장 지향의 체험형 관광 상품을 개발할 필요성에 따라 어촌체험 관광객의 선호 속성, 어촌 체험 만족도, 체험관광 상품개발 지지도, 추천 의도에 관한 관계를 극복해야 한다.
(장양례·윤유식·구본기, 어촌 관광객의 선호 속성, 어촌체험관광 만족도 및 체험관광 상품개발 지지도, 추천 의도에 관한 실증적 연구, 관광경영학회, 2011)

최근 전 세계적으로 환경성장 패러다임과 기후변화로 인해 녹색관광에 대한 관심이 집중되면서 학술적인 고찰은 물론 상품개발에 맞는 차별화된 마케팅 전략의 필요성이 요구되고 있다. 이러한 시대의 흐름에 따라 변화되고 있는 녹색 관광객들이 선호하는 자원 속성과 관광체험 만족도, 녹색 관광 상품개발에 대해 새로운 차원의 측정변수를 도출하여 각 구성개념 간의 평가모형 검증과 체험 유형별 차이 검증을 통해 녹색관광 현장 활용의 실천적 관리수단의 기본 틀을 제시하고자 하였다.

한국형 녹색관광의 개념적 이론모형 개발을 위해 관련 선행연구 고찰로부터 녹색 관광자원 선호도, 관광체험 만족도, 녹색관광 상품개발 지지도의 구성개념을 체계적으로 도출하여 측정 개념 간 직·간접적인 인과관계를 구체화하고 수용 가능한 영향변수들을 검토하여 각각의 이론적 모형을 체계화하여 분석한 결과에 대한 연구 요약은 다음과 같다.

첫째, 기존 대부분의 관련 선행연구들이 녹색관광 범위에 대한 이론적 근거를 농촌관광에 한정하고 있는 반면, 농촌관광과 생태관광을 동시에 포함하였으며, 체험학습 활동의 특성을 가진 공통의 녹색 관광객으로 확장하여 처음 연구를 시도하였으며, 이러한 녹색관광의 인지 정도에 대한 측정에서 체험 관광객들을 대상으로 포함하였다는 점이다.

둘째, 기존의 연구들이 녹색관광과 생태관광 두 집단에 대해 다른 특성을 가진 집단으로 분류하여 변수측정과 차원을 도출한 반면, 본 연구에서는 녹색관광 체험객들을 같은 특성을 가진 집단으로 확대하여 이들의 특성을 포괄하는 녹색관광자원 선호도, 관광체험 만족도, 녹색관광 상품개발 지지도에 대한 새로운 측정변수와 차원 도출을 통한 이론적인 측정개발을 구체화하였다.

셋째, 새로운 녹색관광 상품 모형 개발을 위해 녹색 관광객들의 핵심 구성개념인 녹색관광자원 선호도, 관광체험 만족도, 녹색관광 상품개발 지지도에 대한 변인 간의 관련성과 직·간접적인 인과관계를 밝힘으로써 녹색 관광객들의 표준자료로 활용할 수 있는 학술적인 근거를 제공하였다.

넷째, 녹색관광 상품개발 모형의 실증 검증에 있어 이론적으로 정립되어 있는 전체적인 녹색관광객들의 특성을 먼저 고찰하고 나아가 실질적으로 현장에서 대표되는 녹색관광 체험 유형에 따른 연구모형 검증을 통해 녹색관광 체험 형태별 관광욕구에 대한 구체적인 기초자료를 제공함으로써 실용적인 연구 가치를 높일 수 있었다.

다섯째, 새롭게 정립된 한국형 녹색관광 상품 모형개발의 분석 대상자로 실질적으로 가장 중요한 실수요자 집단인 농촌 녹색관광 체험객들과 해양어촌 체험객들을 대상으로 최적의 모형을 검토함으로써 향후 녹색관광 개발 및 경영활동 전략 수립에 있어 구체적인 실천전략을 제시하여 연구 분야의 활용성을 제고할 수 있었다.

(장양례, 녹색관광자원 선호도에 따른 관광체험 만족도 및 녹색관광 상품개발 지지도 연구, 경희대학교 박사학위연구, 2010) (대안스님, 식탁 위의 밥상)

환경 친화적 농업농촌 개발 및 Green-Tourism을 통한 지역경제 활성화로 농업·농촌의 발전과 농촌문제의 해결에 미력이나마 보태고자 하는 의미에서 인적·물적 자원의 효용가치 증진 등의 차원에서 접근하였다.

정부의 계획과 목표에 따르면 국민에게 안전한 농·식품을 안정적으로 공급하고, 농업 경쟁력을 강화하며, 농촌을 풍요로운 산업·생활·휴식공간으로 조성하여 2030년에는 농·식품 세계 일류의 농촌 Global Top 10을 지향하고 있으며, 국내 관광에서 농촌관광 비중을 2005년 15%에서 2020년 40%로 확대하는 등 전통과 문화가 보전되는 살고 싶은 농촌 구현, 쾌적한 농촌 건설을 목표로 하고 있다. 환경 친화형 농촌 개발은 경제 논리보다는 지속 가능한 농업·농촌의 미래를 건설함으로써 조화롭고 지속 가능한 우리 사회와 국가의 건설에 그 의의를 두며, 농업·농촌의 사회문화적 공익기능 및 농업의 다원적 기능과 식량안보의 개념 등에 대한 논리적 근거를 바탕으로 국제협상과 국내정책에 대응하여야 한다.

농촌개발사업 등의 문제점으로는 계획의 수립 및 집행 주체가 다원화에 따른 상호연계성의 부족, 계획 및 사업구역 간의 연계성 부족, 각 부처별 산발적 분산개발로 인한 비효율성, 중앙과 지방 및 지방 내부 관련 주체 간의 파트너십 부족, 농촌공간에서의 토지이용계획 부재 문제 등이 대두된다.

따라서 농촌계획과 사업에 있어서 지역의 자본적 요소, 경쟁력, 지역적 이미지 등을 종합적으로 연계하여 지역의 발전을 추구하는 것이 필요하며, 각 부처별 사업을 지방정부가 주체적인 입장에서 판단하여 우선순위가 높은 사업을 선택하고 지원을 받을 수 있는 체제의 구축이 필요하다. 부처 간 협조체제, 중앙과 지방정부 간, 지방정부 내의 관련기관 및 부서 간 협조체제의 구축이 요구된다.

향후 농촌의 토지도 도시계획처럼 종합적 계획을 세워서 실제지목과 부합되지 못하고 천태만상인 지적 구획을 폐지, 분합, 정비함이 바람직하며 개발 사업구역 외의 지역도 구획 및 지목 상으로 정비된 토지 위에서 비교적 자유롭게 탄력적 이용이 가능하도록 하는 것이 타당하다.

생활편의시설(Amenity) 자원이란 농촌지역 특유의 녹(綠)이 풍부한 자연, 역사, 풍토 등을 기반으로 하여 여유, 정감, 평온이 가득하고 사람들의 접촉에 바탕을 둔 정주 쾌적성을 갖는 상황을 농촌 Amenity라 하며, 자연환경, 전통문화, 특산물 등 사람에게 편안함, 즐거움, 쾌적성을 제공하는 지역자원으로서 문화적·사회적·경제적 가치가 있는 모든 자원을 말한다. Amenity Map이란 농촌지역에 존재하는 유·무형 자원의 위치, 형태, 속성 및 특징 등을 종합하여 지표화한 것으로서 이의 적극적 조성과 활용이 필요하다.

친환경 농업을 통한 농산물의 생산에 관한 부분은 농업인이나 도시 소비자 모두에게 소중한 먹거리인 우리 농산물의 식품안전성에 대한 신뢰도 문제가 대단히 중요하며, 고품질과 더불어 안전농산물, 신선농산물에서 경쟁력을 찾아야 한다. 환경 문제 및 농촌 경관과도 밀접한 관련성이 있으므로 수입개방에 따른 대응책은 물론 우선 나 자신과 이웃, 나아가 국민의 안전을 위해서라도 친환경 농업의 중요성은 재론의 여지가 없다.

생태관광의 자원으로 지역의 전통음식을 소개해도 좋다. 계절별로 지역에 맞는 음식을 무공해 상품으로 개발하면 힐링 및 장수음식으로 인기를 얻고 약도 된다. 질병은 몸의 기능의 불균형에 의해 일어나는 반란이다. 스트레스가 질병의 주원인이지만 체질에 맞게 음식을 먹지 않는 것이 더 큰 원인이다. 유제품이나 동물성 식품, 가공식품은 피부의 발진을 유발하는데 민감하므로 조심해야 한다. 특히 단식을 통해 열성을 빼내면 호전상태가 빠르다. 어릴수록 빠르고, 아파온 세월만큼 느리다.

(대안스님, 식탁 위의 밥상)

녹차는 6번을 우려도 70%의 성분이 남아 있다. 이를 활용하여 녹차 수제비를 만들 수 있고, 차 찌꺼기에 참기름, 간장, 깨를 넣어 무치면 녹차나물이 된다. 표고버섯, 다시마를 집 간장으로 끓인 후 미나리, 취나물, 말린 누룽지를 더하거나 전분, 설탕, 참기름, 녹차 생잎을 넣으면 녹차 누룽지탕이나 녹차 장아찌가 된다. 차 찌꺼기를 말려서 고추장에 넣으면 양념장으로 좋다. 산야초는 정화음식으로 오장육부 기운을 북돋아 항산화 효과를 높여준다. 산야초는 4월 말에서 5월 달에 캐는 게 독성이 적다. 장아찌 음식은 몸 안에 쌓여 있는 염분 찌꺼기를 배출시키는 작용을 하는데, 집 간장에 다시마와 표고버섯, 물을 넣고 끓인 다음 소주를 넣어 만든다. 대표적인 장아찌로는 능이, 깻잎, 콩잎, 가죽, 죽순, 산조 장아찌 등이 있다.

각종 생활체험을 바탕으로 학습장을 조성할 수 있다. 친환경 가족농장을 조성하고 고급화된 숙박시설을 지양하되 민박 형태의 체험학습장, 해녀들이 작업하는 장면을 보는 것을 싫어하기 때문에 핀수영 작업이나 스쿠버를 체험할 수 있으며, 낚시는 1~2시간 정도 갯바위나 바다에서 지루하지 않게 물때를 봐서 실시하는 게 좋다. 또한 돌 염전(鹽田)을 테마화한 구엄리 체험마을 같은 옛것에 대한 견학과 채취를 할 수도 있다.

제주농업발전연구소가 제시한 지역별 현장 체험 주요 프로그램으로는 농산물 재배, 수확, 채취와 낚시 및 해녀 체험, 현장 체험 만들기 등 세 가지가 있다. 첫째, 농산물 재배, 수확, 채취는 텃밭 만들기, 씨앗 뿌리고 가꾸기, 모종 심기, 감귤 따기를 비롯하여 양파, 감자, 마늘, 약초 등을 수확하는 프로그램이다. 둘째, 낚시 및 해녀 체험은 선박을 이용한 낚시, 갯바위 낚시, 해녀 잠수 및 태우 타기 체험, 핀수영, 스쿠버 체험 등이다. 셋째, 현장 체험 만들기는 친환경 퇴비 만들기, 가꾼 야채와 채취한 수산물로 지역 토속음식 만들기 등이다.

(제주농업발전연구소, 농촌관광활성화 방법론, 2008)

소비자가 유기농법으로 농사짓는 곳을 방문하고 1일 농사체험을 통해 직접 농산물을 수확한 후 구매하는 견학 프로그램을 개발할 수도 있다. 힐링 시대 도래 이후의 새로운 풍속도로 손색이 없을 성싶다. 지역 오름에 관한 생태관광 자원으로서의 가치에 대한 교육과 정보를 제공하여 관광객의 욕구를 충족시키고, 이를 지역 단위 청년회를 중심으로 대학연구기관, 환경단체 등이 관리할 수 있도록 오름 원정대를 육성하는 방안도 생각해볼 만하다.

생태관광 자원별 균형발전

 마을을 방문하는 초기 단계부터 기념품을 제공하고, 그 기념품은 지역 특산품과 지역 이미지를 홍보할 수 있는 것이면 금상첨화다. 주변에 산재한 이미지의 팬시상품, 생활용품, 중·장년층이 좋아하는 건강식품 등도 기념품이 될 수 있다.
 마을 단위의 관광 산책로는 돌담길을 따라 트래킹 코스를 개발하거나 대문이 없는 평화마을 산책로를 적극 개발하면 좋을 것이다. 농촌마을의 특색을 살려 소달구지, 마차, 경운기, 말 트래킹 등을 이용하고 거점별 운송체계를 고려해야 한다. 안전사고에 대비하여 반드시 보험에 가입하는 것도 필요하다.

 참고로 제주의 생태관광 마을 3군데를 소개한다. 농림수산식품부가 전국에서 선정한 100개의 가보고 싶은 농촌·산촌·어촌 마을 중 제주에 있는 3개 마을이다. 서귀포시 온평리는 탐라국 삼신인과 벽랑국 세 공주의 혼례 전설을 간직하고 있다. 안덕면 화순리 번내골은 물이 풍부하고 산과 바다, 오름과 곶자왈이 있어 제주의 모든 것을 간직한 마을로 제주 속의 작은 제주라 불린다. 효돈동 하효 마을은 UNESCO 지정 생물권 보존지역인 효돈천과 쇠소까이 태우와 카약 체험으로 각광받고 있다.

마을 알리기 사업도 중요하다. 마을 이정표에 형광물질의 간판과 가로등을 설치하여 지역 이름을 한눈에 알아볼 수 있도록 하고, 이정표 밑에 마을의 역사를 알릴 수 있도록 마을 역사, 인구, 특산물 등 관광객들이 호기심을 가질 수 있는 정보에 대한 안내판을 설치한다. 또한 지역 특산품을 주제로 한 로고 이미지 등을 활용하여 시각적인 이정표도 만들 수 있다.

제주 트레일러 마라톤의 부활은 희소식이다. 사막은 물론 알프스나 히말라야를 뛰는 트레일러 마라톤이 세계적으로 인기를 끌고 있다. 제주는 오름을 비롯하여 골프장 주변 등 뛰어난 자연환경이 세계의 트레일러들을 충분히 매혹시킬 수 있는 여건을 갖추고 있다. 트레일러 마라톤은 100㎞~200㎞를 한 번에 달리는 울트라 마라톤과는 달리 여러 지역으로 나누어 하루에 50㎞~70㎞씩 3일에서 1주일 동안 달리는 것으로 자기성취를 느끼며 체력에 대한 한계를 극복하는 것이다.
(나는 달린다, 안병식)

마을의 전통과 역사를 체험하는 민박과 자연 속의 캠핑장도 당연히 생태관광의 자원이다. 가로등은 지역별 또는 마을별로 전통을 살린 특색 있는 디자인으로 만들면 좋고, 마을의 역사와 문화에 대한 의미와 가치를 부여하는 스토리텔링도 중요하다. 특히 설화나 신화, 전설을 덧붙이면 얼마든지 감동을 줄 수 있다.

민박이나 캠핑장은 농촌의 생활을 느낄 수 있는 분위기라면 안성맞춤이다. 주민들과 한 끼 정도 식사라도 함께하면서 공동체라는 유대감을 맛볼 수도 있다. 캠핑장은 수도와 간이 화장실, 공동 주차시설을 정비할 필요도 있다. 눈에 보이지 않는 제주의 재산인 정신문화를 발굴하고 재창조하는 노력도 필요하다. 진정한 발견의 길은 새로운 땅을 찾는 데 있는 것이 아니라 새로운 눈을 가지고 보는 데 있다는 말을 되새겨 봐야 한다.
(마르셀 프루스트, 『읽어버린 시간을 찾아서』)

　제주라는 이름은 세상을 구원하는 땅이다. 한라산은 은하를 끌어당기며 하늘의 뜻을 부른다. 옥황상제의 셋째 딸 하늘공주 설문대(김정파 스토리텔링, 창조여신 설문대, 2011)는 밝음과 깨우침이 처음 열리기 시작한 땅에 이르러 조화로운 신성과 총명함을 가지고 인간계를 조율하여 소란함을 잠재우게 했다. 오름은 아름다운 영혼의 능선을 따라 물결치며 흐르는 분화구로 사랑의 결실이며 패션모델이다.
(박정환, 제주 문화체험형 관광 활성화 방안, 제주지역농업발전연구소, 2008)

　농촌·산촌·어촌의 다원적 기능에 기초한 웰빙 공간 수요가 증가하고 있다. 그렇지만 농촌이 도시보다 경제·문화적으로 열악한 환경에 놓여 있는 것이 현실이다. 그동안 다양한 농촌지역 개발 사업이 전개되어 왔으나, 사업 효과에 대한 비판과 의문이 제기되고 있다. 농촌지역 개발 사업의 특징은 공동체 유지와 도농(都農) 균형 발전, 공익적 기능 증진 등 지역 부흥을 위한 공공적 프로그램 성격이 강하다. 농촌지역 개발 사업은 국가 균형발전의 기초사업인 만큼 우리 국토의 80%를 종합적으로 계획·관리하여 국가 경쟁력을 키우는 사업이다.
(박재순, 도농 균형발전 위해 농촌지역 개발 활성화해야, 경향신문, 2013. 3. 11)

　농촌관광의 가장 기초적인 성공조건은 마을 주민 간의 단합과 화합이다. 정부의 지원을 받아 좋은 시설을 갖추었더라도 지도자를 중심으로 화합하지 않으면 체험마을 운영이 실패할 수 있다. 체험마을로 지정되었음에도 주민 간의 분쟁이 잦아 실패한 경우도 많다. 당장 눈앞에 큰 성과가 보이지 않더라도 장기적인 안목을 가지고 체험객들에게 최상의 친절과 서비스를 제공하고자 하는 마음가짐이 갖추어져 있어야 한다.
 문화는 눈에 보이지 않는 무형의 상품으로서 누구나 친근하게 향유할 수 있어야 진정한 가치가 매겨진다. 농촌의 전통문화는 지금 발굴하고 체계적으로 정리하여 계승하지 않으면 얼마 못 가서 사라질 위기에 처해 있다. 농촌의 인구 감소와 고령화가 급진전되고 있는 상황을 감안한다면 불과 몇 년도 남지 않았다고 볼 수 있다. 지금이라도 마을의 원로세대가 경험하고 축적한 전통문화를 적극 발굴하여 상품화해야 한다.
 우리가 보통 여행을 다녀온 후 기장 기억에 남는 것은 여행지의 좋은 경치보다는 사람들의 친절한 응대와 직접 경험한 그 지역의 문화다. 그래서 가까운 일본은 향토문화의 발굴과 계승을 위하여 전문가 양성에 많은 노력을 기울이고 있다. 농촌관광과 향토문화는 불가분의 관계다. 문화를 새로운 블루오션 상품으로 잘 개발하여 활용하면 효용가치는 실로 무궁하다고 볼 수 있다.
 한국의 문화가 외국인들에게 선풍적인 인기를 끈 한류 현상을 통해서도 알 수 있듯이 문화는 엄청난 힘을 발휘한다. 눈에 보이는 상품을 수출하기 위한 과정은 복잡하고 매우 어려움이 많으나 문화상품은 급속한 전달력을 갖고 있다. 농촌 체험마을에 와서 도시민들이 도시에서 느끼고 경험하지 못한 농촌다움과 전통문화를 직접 체험하고 재충전과 새로운 활력을 얻어 갈 수 있도록 하는 농촌마을의 역할이 필요한 시점이다.
 앞으로 우리 농업과 농촌의 성장 동력은 먼 곳에서 찾을 것이 아니라, 가까운 곳에 산재한 자연과 문화유산에서 찾아야 한다. 개발과 자유화의 물결, 국제경쟁 체제에서 농촌이 생존하기 위한 전략과 대안은 농촌의 공익적인 기능과 역할을 우리 국민들이 공유하고 보호해야 가능하다.

(한믿음협동체, 농촌의 전통문화를 활용한 농촌체험 프로그램의 개발, 2008)

환경 위기를 극복하기 위해 그 생태 환경을 활용하면서 지속가능한 개발을 위한 환경계획으로 적응 관리 시스템(adaptive management system)의 적용이 요구된다. 이 시스템은 해당 자연자원을 포함하는 지역의 다양한 의사결정자들(decision-makers and stake holders)과 참여자들(participants) 간의 공통된 목적 달성을 필요로 한다.

더구나 이를 위해 정보 교류(sharing information)와 협력, 지속적인 생태환경 보존을 위한 주민들의 감시(monitoring), 인접지역 주민과의 의사소통을 통한 공감대 형성 등이 중시된다. 이 시스템을 바탕으로 Sam Houston forest region을 건강하고 지속 가능한 생태환경으로 보존·유지하고, 주변 지역을 개발하기 위해서는 적절한 도시성장 개발규제(urban growth boundary)와 토지이용 규제(transfer of development rights) 등의 환경 계획이 필요하다.

(최열·김현·우즈남·엠-카일·허창호, 건강하고 지속가능한 자연자원을 위한 환경 적응관리 시스템 적용, 대한국토·도시계획학회, 2011)

1. 산의 생태관광 자원 : 두릅, 고사리, 취, 더덕, 도라지 등 산나물의 재배와 채취. 북향의 눈썰매장 조성. 초지 조성과 염소, 토끼 사육. 잔디 스키와 미니 골프장 등 개발.
2. 강과 개울의 생태관광 자원 : 수영(물놀이), 계류낚시, 천엽(미꾸라지 양식), 카누놀이 등.
3. 바다와 갯벌의 생태관광 자원 : 낚싯배 대여, 갯벌 축제, 갯벌생태 체험 등
4. 동·식물 생태관광 자원 : 집개벌레, 반딧불이, 여치, 매 등 야생 곤충 관찰 및 사육. 동·식물 채집과 학습코스 개발. 원예 치료 및 향기 치료를 개발하여 자연 치유력 증강, 기능성 특산품 발굴.

5. 기후 생태관광 자원 : 일출(정동진), 석양(강화), 얼음 축제, 눈 축제, 산천어·빙어 축제, 별자리 보기, 눈싸움, 토끼 사냥 등

   농촌지역에 대한 개발 추진체계의 다원화는 농촌지역 개발 정책상 각 부처의 역할이 명쾌하게 정립되지 않고 유사 사업들이 부처별로 따로 추진되는 결과를 초래하고 있으며, 이로 인해 사업 간의 체계성과 연계성이 부족하며 단편적·개별적·산발적으로 추진되는 문제점을 안고 있다. 이는 농촌지역 개발정책이 종합계획에 의하여 상호 유기적으로 개발되지 못하고 있다는 것을 단적으로 보여준다.
   정부에 의해 주도되어 온 농어촌지역 개발은 농어촌의 다양한 지역 특성을 반영한 정책 방향의 부재와 이를 뒷받침해주는 정책이 미비하여 농어촌의 풍부한 자연환경 자원과의 조화, 지역특성, 잠재자원 등을 고려하지 못한 채 정책이 시행되어 왔다. 다시 말해 과거 50년간 농어촌 정책이 지역적 특성을 중요하게 고려하지 않았던 것도 농어촌이 정체상태에 빠져 있고 계속 어려워지는 하나의 요인이다.
   중앙정부 중심의 획일적인 농어촌정책도 근본적인 요인이라고 할 수 있다. 개발정책은 종합적인 정비가 강화, 확대되지 않은 채 테마 지향적 소프트웨어 중심의 마을개발에 치우치는 현상과 농촌관광만이 제일이라는 경향은 문제점이라고 하겠다. 농촌지역 개발정책의 개선 방향으로 지속가능성, 지역성, 다양성을 고려하여 농촌의 지역문화 특성을 반영한 생활환경 개선의 필요성이 부각되고 있다.
(최목화, 지역문화 특성을 반영한 지속가능한 농어촌지역사회 생활환경 모형개발 기초연구, 한남대학교 박사학위연구, 2010)

   농어촌의 경관은 인공경관과 자연경관의 복합으로 나타나며 자연경관

과 건축물이 동시에 인지되는 특징을 가진다. 개발 위주의 계획으로 무분별한 건축물이 세워졌고, 원색이 주를 이루는 도로의 발달로 우리나라의 농촌은 지역 특성과 조화되지 못한 무질서한 색채로 도색되어 왔다. 최근 들어 경관계획이 이루어지고는 있으나 지역의 총체적인 경관을 계획하는 과정에서 색채는 가이드라인을 세우는 정도에서 언급되고 있다. 변화가 많고 빠르게 변하며 외장재의 종류도 다양하고 복잡하여 구체적인 색채계획이 불가능한 도시에 비해 농촌은 느리게 변하며 사용 외장재도 일정한 패턴을 보이는 풍경으로 인식되므로 구체적인 색채계획을 수립하는 게 아름다운 농촌을 만드는 데 더 효과적이다.

대표성 있는 대상지 세 곳(바다, 산, 항구)을 선정하여 자연경관과 조화로운 색채계획을 수립하는 과정을 연구하고, 사례로는 제주특별자치도와 유사한 섬들을 대상으로 자연경관과 조화로운 색채계획의 사례, 오랜 역사자원의 소재 색이 이어져 온 사례를 조사·분석하였으며, 이를 통해 통일감 있는 지붕의 색, 자연경관, 특히 해변의 색과 조화가 필요함을 도출하였다. 각각의 대상지에 대해 자연환경과 인공의 환경으로 나누어 색채를 조사하고, 분석하였으며 대부분 자연환경의 색보다 높은 채도와 무질서한 색의 사용이 경관의 질을 훼손하고 있는 것으로 조사되었다.

이를 해결하기 위해 대상지의 정체성을 대표하는 자연요소에서 색을 추출하여 색채 팔레트 구성의 근간으로 삼았으며 지정학적 특성상 섬 거주에 대한 자부심이 강하고 마을공동체 운영이 활발하며 단독가구가 주를 이루는 주택의 특징, 개개인의 정체성(identity)을 중요시하는 주민의 특성을 고려하여 옆집과 다른 자신만의 아름다운 집의 색을 선택할 수 있도록 하였다.

우리나라 농촌의 색채 계획은 자연경관과의 조화를 우선시하며 일방적인 계획이 아니라 거주자의 선택이 가능해야 하며 시간의 변화에 따라 또는 거주자의 변화에 따라 전체적인 조화 안에서 건축물의 색채도 변해야 색채계획이 지속될 수 있음을 알리고자 한다.
(김현선·주정희·윤혜진·김나라·김미숙, 자연환경을 고려한 농어촌마을 환경색채 계획, 한국색채학회, 2012)

 1. 사회 환경 시설의 생태관광 자원 : 시민회관, 여성회관, 군민회관 활용한 교양 음악회, 옛날 영화 상영, 연극제 등. 군부대 시설을 이용한 병영 체험과 해병대 생활체험 등. 절에서의 사찰 전통음식, 산사 체험 등.
 2. 농업 관련 기관의 생태관광 아원 : 농업기술센터(농업공원), 농협, 수협, 임협 시설을 이용한 농업 전문교육 학습장. 농업 전시장, 하나로마트를 이용한 지역 특산품 판매, 농민시장, 직거래장터, 통신판매 등.
 3. 농업 관련 시설의 생태관광 자원 : 농협박물관, 자연사박물관, 석탄박물관 등의 활용. 과수단지, 화훼단지, 비닐하우스 단지 등을 활용한 생산 현장 교육. 폐수처리장, 농업공원, 생태공원 등의 생태 농업 교육.
 4. 사회풍습의 생태관광 자원 : 관광지 주변에 아침시장과 직거래 장터 개설, 시골 재래시장의 변화(5일장→7일장)
 5. 민박의 생태관광 자원 : 화장실, 목욕탕, 부엌 등 시설 개선하여 농가 민박 개발, 수확 체험 등 농사 체험 프로그램 개발, 향토요리 전문식당, 향기 치료와 황토방 등 전문 민박.

 산업관광은 비교적 오래된 여행 형태임에도 불구하고 관광 분야에서의 관심이 부족하였다. 사회경제가 발달하면서 관광환경도 변하고 있다. 이에 따라 산업관광도 기존의 제한된 유형에서 벗어나 학습과 고유성 경험을 강조하고, 관광객과 지역민 간의 교류를 활성화하는 방향으로 새롭게 변하고 있다. 또한 산업관광은 지역의 특성을 살린 지역산업, 즉 향토 산업과 결합되었을 때 지역경제를 발전시키고 지역의 정체성을 확립하는 데 기여하는 것으로 알려져 있다. 지방자치제 실시 이후, 여러 지자체가 자기 지역을 대외적으로 홍보하고 지역경제를 발전시킬 목적으로 관광산업에 관심을 기울여왔다. 모든 지자체들이 가시적인 성과를 거둔 것은 아니지만, 지역의 특성을 살린 향토 산업을 중심으로 산업관광이 활성화되고 있는 곳은 지역의 정체성을 확립하고 지역경제에 도움이 되고 있다. 이러한 현상들에 주목하여 지역의 브랜드 자산을 형성하는 데 있어 관광산업의 효과를 확인하고자 했다. 구체적인 연구목적은 다음과 같다. 첫째, 산업관광의 만족이 지역의 제품 브랜드자산 변화와 지역 브랜드자산 변화에 영향을 미치는지 여부. 둘째, 산업관광을 통해 형성된 제품 브랜드자산 변화가 지역 브랜드자산 변화에도 영향을 미치는지 여부 그리고 이 제품 브랜드자산 변화가 산업관광과 지역 브랜드자산 변화 사이에서 매개 역할을 하는지 여부. 셋째, 산업관광 만족과 제품 브랜드자산 변화 간, 산업관광과 지역 브랜드자산 변화 간의 영향 관계에서 소비자 관여도와 장소에 따라 차이가 있는지 여부를 확인하는 것이다.

첫째, 산업관광에 대한 만족은 제품 브랜드자산 변화와 지역 브랜드자산 변화에 통계적으로 유의미한 영향을 미치는 것으로 나타났다. 이는 산업관광이 지역 브랜드자산을 형성하는 데 유효하다는 것을 의미한다. 또한, 산업관광의 평가적·실용적·쾌락적 3가지 만족 요인 중 쾌락적 만족 요인은 유의미하지 않은 것으로 나타났다.

둘째, 산업관광으로 형성된 제품 브랜드자산 변화는 지역 브랜드자산 변화에도 영향을 미치며, 산업관광 만족과 지역 브랜드자산 변화 간의 관계를 매개하는 것으로 나타났다. 브랜드 확장이 일어난 것으로 해석할 수 있다. 브랜드 확장은 강력한 브랜드 자산이 형성되었을 때 가능한 것으로, 산업관광이 브랜드 자산을 더욱 공고히 한다는 것을 알 수 있다.

셋째, 산업관광 만족과 지역 브랜드자산 변화 간의 영향 관계를 조절할 것이라고 가정했던, 소비자 관여도와 장소의 영향력은 확인되지 않는다. 이러한 결과는 이 연구의 대상이 되는 브랜드 제품이 저가의 저(低)관여 상품인 고추장과 치즈이고, 방문자의 상당수가 해당 지역과 특별한 연고가 없기 때문인 것으로 추정된다. 그러나 소비자 관여도와 장소감이 전혀 영향을 미치지 않는 것은 아니다. 소비자 관여도와 장소의 두 변수에 대해 평균값을 기준으로 두 변수 값이 모두 평균보다 높은 집단과 평균보다 낮은 집단을 구분한 후, 이들의 조절효과를 분석해보면 두 집단 간의 차이가 있는 것으로 나타나고 있다.

이와 같은 결과는 산업관광이 제품 브랜드자산과 지역 브랜드자산에 대한 인식을 변화시키는 데 유용한 도구가 될 수 있음을 증명하는 것이다. 따라서 관광객들이 교육성과 고유성을 더 강하게 느낄 수 있도록 프로그램을 구성하면 산업관광의 체험효과가 더 커질 것으로 기대된다. 또한 산업관광 만족을 통한 제품 브랜드자산 변화는 지역 브랜드자산 변화에 긍정적인 영향을 미친다. 그리고 이 브랜드자산 변화는 산업관광과 지역 브랜드자산 변화 사이를 매개한다는 결과는 '산업관광'이 '마케팅 커뮤니케이션' 도구로 브랜드 확장을 가능하게 하는 기능을 갖고 있고, 산업관광을 통해 향토 산업이 강한 브랜드자산을 형성할 수 있음을 보여주고 있다. 소비자 관여도와 장소의 역할이 명확하게 나타나지는 않았지만 두 변수가 결합하면 부분적으로 조절 효과가 있음은 산업관광 맥락에서 소비자 관여도와 장소감에 따른 체험 프로그램 구성의 필요성을 시사한다.

지금까지 관심이 상대적으로 미약했던 '산업관광'을 대상으로 '산업관광'이 지역경제에 어떤 영향을 주는지를 파악하는 탐색적 연구의 성격이 짙다. 산업관광에 대한 선행 연구가 축적되지 않았기 때문에 연구 수행에 많은 어려움이 있었다. 특히 산업관광 만족에 대한 척도 개발이 이루어지지 않아 유사한 연구의 척도를 차용하여 산업관광의 체험에 관한 구성요인을 측정하는 척도를 만들어 연구에 적용할 수밖에 없었다.

또한 대다수의 지역 공동브랜드가 저가의 저(低)관여 제품인 식품 등에 한정되어 있어 지역브랜드에 대한 다양한 논의를 다루지 못하였다. 향후 산업관광의 특징을 더 명확하게 측정할 수 있는 측정 척도의 개발과 여러 상황별 산업관광의 효과 등에 관해 추가 연구가 이루어질 필요가 있다.

(김효경, 산업관광이 지역 브랜드자산 변화에 미치는 영향, 경기대학 박사학위논문, 2009)

한해에 국민의 25%(총인구 5천만 명 기준, 1천 500만 명)가 해외여행을 떠나는 나라, 해외여행에서의 지출 규모가 세계 10위인 나라, 우린 지금 그런 나라에 살고 있다. 여행이 하나의 유행처럼 되어 버린 흐름 속에서 대부분의 사람들은 떠나기 전 숙소를 예약하고 면세점에서 살 물건의 목록을 정리하고 반드시 가보아야 할 관광명소들을 떠올려볼 것이다.

공정여행을 생각해본다. 인권, 경제, 환경, 정치, 문화, 배움의 여섯 가지 시선으로 여행을 바라보는 것이 공정여행이고, 구경하고 떠나는 '소비'가 아니라 만남과 나눔이 살아있는 '관계'의 여행이 공정여행이다. 여행하는 이와 여행자를 맞이하는 이가 서로를 존중하고 성장하는 여행, 소비가 아닌 만남과 관계의 여행, 우리가 여행에서 쓰는 돈이 그 지역과 공동체의 사람들에게 돌아가는 여행, 우리의 여행을 통해 숲이 지켜지고, 사라져가는 동물들이 살아나는 공정여행을 떠나보자.

(임영신·이혜영, 희망을 여행하라, 소나무, 2009)

생태관광의 입지조건으로는 ① 대도시에서 1~2시간 거리. ② 관광지 주변. ③ 지역 특산품(기념품)이 있는 곳. ④ 산, 호수, 바다, 문화재 등 자연경관과 문화유산이 아름다운 곳. ⑤ 그린벨트 지역, 상수원 보호구역, 군사보호구역 등 법적 제약이 없는 곳이 꼽힌다.

생태관광의 목표시장과 이용객 조사 방법은 ① 인구 10만 도시라면 농촌공원 1~2개가 필요하고 ② 유치권역은 2시간 범위, 120Km 내외이며 ③ 경쟁권역은 1시간 범위, 60Km 내외이고 ④ 이용객 현황은 연도별, 월별로 조사하되 이용 형태와 증가 추세도 살핀다. ⑤ 이용객의 일반 속성 조사 항목은 동기, 목적, 활동상황, 소비구조, 교통조건, 불편 및 희망사항 등이다. (류선무, 농촌관광사업 계획방법, 경북대학교 관광과, 2008)

연간 이용객 예측과 운영계획을 수립하기 위해서는 ① 유치권역, 경쟁권역과 비교하여 차별화, 특성화하고 ② 시설의 종류, 규모, 배치를 고려하여 이용객을 확보하며 ③ 시설별 원 단위 기준×인원수로 수용능력(원지율)을 계산하고 ④ 전문가 도움을 받을 필요가 있다.

농·산·어촌과 도농 교류의 체계화

생활문화는 크게 농촌과 도시 두 지역으로 나누고 있다. 이제는 도시와 농촌이라는 이분법 사고에서 벗어나야 할 때가 온 것 같다. 농촌은 지금 매우 열악한 환경에 처해 있으며 도시도 마찬가지로 인구 과밀화, 환경오염 등으로 파생되는 부작용을 겪고 있다. 따라서 도농(都農)이 상호 교류하며 어려움을 함께 풀어나가야 한다. 현대인의 여가 시간 증가와 더불어 도시민의 농촌에 대한 수요 증가가 예상되는 만큼, 도농 교류를 통해 어려운 농촌의 문제를 풀어나가는 것이 중요하다. 이러한 맥락에서 정부에서도 다각적으로 지원 사업을 추진하고 있다.

농림부의 녹색농촌체험마을 조성, 농촌마을종합개발, 1사1촌 운동 전개, 농촌진흥청의 농촌전통테마 마을조성, 산림청의 산촌종합개발, 행정자치부의 아름다운 마을가꾸기 등이 추진되고 있다. 또한 지방자치단체, 농협 등에서도 도농 교류 사업에 관심을 가지고 지역실정에 맞게 추진해 나가고 있다.

도농 교류는 농촌 주민들이 주체가 되어 자연, 문화, 농업, 환경 등 농촌의 공익적 기능을 매개로 도시민이 농촌에 체류하면서 체험하거나 휴양을 즐기고 정신적·물질적 교류를 하는 활동이다. 농촌에 활력을 주기 위해 도입하기 시작한 농촌 생태관광은 농촌 자원의 활용을 통하여 농촌의 부가가치를 높여나가는 방향으로 발전해 나가야 한다.

농촌의 활력을 위한 농촌관광과 도농 교류 관련 연구를 보면 개발 방향, 주민 교육, 외국의 농촌관광 등 농촌과 도시가 유기적으로 연결되어 있는 것은 자명하다. 그러나 지금까지의 관계보다 더 밀접한 연계를 통해 상생을 모색할 필요가 있다. 이미 농촌관광마을 조성, 1사1촌 운동, 도농교류센터 건립 등 다각적인 방향 모색이 이루어지고 있다.

도시와 농촌이 시소처럼 서로 균형을 잡고 농촌관광을 추진할 때 고통 없이 순조롭게 추진된다. 도농 교류와 농촌관광은 지역민의 강한 의욕과 도시민의 아낌없는 호응 속에 상호교류가 활발하게 이루어질 때 더욱 발전할 수 있다. 따라서 도시민의 요구를 분석하고 이를 반영한 서비스 상품 개발이 중요하다. 도농 교류 상품을 개발하여 실제로 운영하려면 보다 훌륭하고 흥미와 의미가 더해지지 않으면 신뢰와 만족을 이끌어내기 힘들다. 따라서 이러한 도농 교류와 농촌관광 프로그램에서 해설의 역할은 더할 나위 없이 중요하다. 그런데 정말 해설을 잘할 수 있는 농업인이 얼마나 되느냐가 문제다. 해설 기법을 익히고 실천함으로써 체험객의 만족도를 높일 수 있어야 한다.

농촌·산촌·어촌 교류 프로그램, 곧 도농 교류 프로그램에 대한 해설의 사전적 의미는 알기 쉽게 풀어서 설명하는 것이다. 도농 교류 프로그램 참여자에게 프로그램의 대상 자원을 매력적으로, 또 활동 내역을 알기 쉽게 설명해주어 프로그램에 대한 이해와 인식을 높이고 도시와 농촌의 상호 신뢰를 쌓아서 교류를 계속할 수 있도록 하는 활동이라고 하겠다. 도농 교류 프로그램의 해설을 구체적으로 정리해보면 다음과 같다.

첫째, 농촌과 농업에 대한 교육적 활동으로서 방문자에게 학습이 이루어지고 나아가 상호이해를 촉진함으로써 농촌과 농업에 대한 지식수준을 높이고 향상시키는 활동을 말한다. 둘째, 오감을 활용하여 방문 지역의 농촌자원과 농업에 대한 지각 수준의 단계적 향상을 촉진하는 활동이다. 셋째, 농촌과 농업에 대한 인식을 높여주고 대상을 이해함으로써 스스로 통찰력을 길러 지역에 대한 흥미를 유발하는 활동이다. 넷째, 농촌과 농업자원의 보호와 이용성을 높이는 활동으로 농촌지역과 자원의 특성을 이해하고 상호관련성으로 파악함으로써 농촌의 지속성 유지에 대한 이해와 참여를 촉진하는 활동이다. 다섯째, 농촌 마을과 농가에 대한 이해를 통해 열성적인 팬의 역할을 제고하고 지속적인 지지와 후원을 촉진하는 활동이다. 여섯째, 방문자로 하여금 지역의 역사, 문화, 자연의 가치를 인지하게 하여 지역의 부가가치를 창출하는 활동이다.

그렇다면 농촌·산촌·어촌 교류 프로그램을 어떻게 제작할 것인가? 도농 교류 프로그램의 해설은 프로그램의 구성과 운영에 대한 이해의 폭을 넓히게 되는데 이것은 지금의 관광 패턴과 관련하여 꼭 필요한 일이다. 관광객은 아는 만큼 즐기고 아는 만큼 보게 된다고 한다. 해설이 없으면 자원이 갖는 독특한 역사적 의미나 문화를 모르기 때문에 겉으로 보는 것만으로는 숨은 의미를 파악하기 어렵다. 그리고 지금의 관광 패턴은 체험, 학습, 건강 등 목적성 관광이 증가하고 있기 때문에 도농 교류 프로그램도 해설을 통하여 즐겁고 보람찬 체험이 되도록 해야 한다. 지역의 뛰어난 경치, 문화 유적지, 농·특산물 그 자체만으로는 관광 상품으로 부족하기 때문에 해설을 통하여 가치를 부여해야 하는 것이다.

농촌·산촌·어촌 교류 프로그램의 해설사를 육성하는 방법도 생각해볼 만하다. 도농 교류 체험 프로그램 해설의 목적은 방문자에게 지역의 자원과 생활을 설명하여 방문자들의 이해와 만족도를 높이고 나아가 도시와 농촌 간의 신뢰를 제고시키는 데 목적이 있다.

방문자들의 만족도를 높인다는 것은 지역에 대해 지금보다 더 잘 알고, 느끼고, 흥미를 가지게 하는 것을 말한다. 자원관리란 방문자로 하여금 우리 농촌과 현재 방문지역에 대해 행동요령이나 자원 해설을 통하여 소중함을 인식하게 하여 자원의 무분별한 훼손을 막고 더 많은 부가가치를 창출할 수 있도록 관리하는 것을 말한다.

도농 교류 프로그램의 운영과 해설은 도시민들이 농촌에 대해 더욱 이해하고 협력할 수 있도록 하며, 농촌 주민들은 지역에 대한 애착과 발전에 적극 참여하도록 유도하는 것이 중요하다.

도농 교류 프로그램 해설자 육성

　도농 교류 프로그램 해설의 유형은 해설자의 참여 정도에 따라 해설자가 직접 진행하는 인적 기법과 해설자 없이 이루어지는 비(非)인적 기법으로 크게 분류할 수 있다.

　① 인적 기법은 관광자원 해설자가 현장에서 자원 해설을 위하여 관광객과 직접 의사를 주고받는 기법이다. 대표적 인적 기법인 안내자 해설은 대화 기능을 이용한 담화 해설 기법과 해설자가 관광객과 동반해서 이동하거나 보행하는 동안에 관람 대상을 직접적으로 해설하는 동행 해설 기법이 있다.

　② 비(非)인적 기법은 길잡이식의 해설과 매체를 이용한 해설로 구분할 수 있다. 길잡이식의 해설은 관광객이 관광자원 해설자의 도움이 없는 상태에서 독자적으로 관람 대상을 추적하면서 제시된 안내문에 따라 그 내용을 이해하고 인식 수준을 제고하는 해설기법이다. 매체 이용 해설은 여러 가지 장치들을 이용하여 해설을 하는 것으로 방문객에게 여러 가지 상황을 경험하게 할 수 있어 재현에 특히 효과적인 해설 유형이다.

　매체 이용 해설 기법은 안내책자·표지판에 의한 해설, 음성 안내 막대기 해설, 모형에 의한 해설, 시뮬레이션 해설, 스크린에 의한 해설(멀티비전, 매직비전, 모형설치식의 화면, 극장식 화면, 원형입체화면, 기둥부착식의 화면, 터치스크린 등), 버튼에 의한 해설(수화기 청취, 버튼 레코드 등)과 사진, 판넬 등에 의한 전시기법이 있다.

또 다른 분류는 안내자 해설 기법, 방문자 자기안내 해설 기법으로 분류할 수 있다. 안내자 해설 기법은 방문자와 상호교류를 할 수 있어 바로 오해를 수정하여 바로잡을 수 있는 기회가 있으며, 상호 교감을 증진할 수 있어 이해의 속도와 폭이 늘어나는 점이 좋으며, 방문자 자기안내 해설 기법은 운영자의 노력과 경제적 부담이 줄어드는 장점이 있다.

도농 교류 프로그램의 종류, 특성, 목적에 따라 해설 기법을 선택해서 적용하면 효과적이다. 같은 프로그램이라도 여러 기법을 적용하여 효과를 최대화하는 것이 중요하다. 농촌·산촌·어촌 교류 프로그램의 해설에 대해 다음과 같은 원칙을 가지고 접근하면 좋다.

도농 교류 프로그램의 해설은 방문자(참가자)의 개성이나 경험과 연관을 시켜 이루어져야 한다. 방문자의 과거와 현재의 이력을 살펴보면서 역사적 장면과 개인의 경험을 연관시켜 이야기를 풀어나가야 방문자의 관심을 집중시키고 만족도를 높일 수 있다. 첫 대면에서 인사와 대화를 통해 방문 목적과 관심사항, 일정 등을 파악해야 한다.

도농 교류 프로그램의 해설은 단순히 농촌과 자원에 대한 지식이나 정보를 전달하는 작업이 아니라 지식이나 정보의 전달을 바탕으로 삼아 이루어지는 일련의 활동들이다. 정보 전달뿐만 아니라 오감을 작동하는 인정의 교류와 교감이 이루어져야 한다는 것이다.

도농 교류 프로그램의 구성 소재는 자연, 역사, 문화, 농사 등의 여러 분야를 총망라하고 있으며, 이러한 소재를 가지고 방문자에게 여러 가지 내용을 전달하는 종합 기능이 해설이다.

따라서 해설의 기본계획을 짜임새 있게 만들어서 생명력을 불어넣는 것이 중요하다. 먼저 자신과 방문자가 그 장소에서 흥미를 느낄 수 있는 내용들을 뽑아서 정리한다.

경관, 동식물, 역사적 사실, 풍수지리, 환경, 과학기술 등 아주 일반적인 것에서부터 특수한 상황과 연관되는 내용도 꺼낼 수 있다.

해설 테마가 선택되면 시작도 잘해야 한다. 효과적으로 시작하려면 호의적인 분위기를 만들고, 테마에 대한 관심을 환기시키며 해설의 목적을 분명히 해야 한다. 한두 개의 자극적인 질문을 던져 관심을 환기시키는 것도 한 방법이다. 예를 들면 무당벌레는 꼭대기에서만 날아간다고 하면서 실제 무당벌레를 막대기에 올려놓고 실험해 보이는 식이다. 그리고 애완용 곤충에 대해 설명하고 도시의 어린이들로 호응이 좋다는 이야기로 풀어 나가도록 한다. 실제 이야기와 도농 교류 프로그램을 연관시켜 일화나 예를 들면서 설명하면 좋다. 그리고 증언을 이용하고 서로 비교를 통하여 확신을 갖게 하거나 시각 재료를 활용하여 오감을 자극한다.

해설은 열정적으로 하되 다양하게 전개해야 한다. 생동감 있게 몰아붙이거나 강렬하게 강조하는 방식도 좋다. 그런 후 또 조용하고 부드럽게, 단순하고 따뜻하게, 소박하고 풋풋하게 분위기를 전환시켜 가면 된다.

해설자 스스로 확신을 가지고 행동하며 방문자 청중들과 눈을 마주쳐 가면서 관심을 확인하도록 한다. 또한 몸짓, 손짓 등을 동원하여 느낌을 강하게 하는 것이 좋다.

상황에 맞게 해설의 속도를 조절해 가면서 하면 된다. 도농 교류 프로그램의 해설에서 주안점은 일방적으로 가르치는 활동이 아니라 상대방의 흥미를 유발함으로써 교육의 효과를 얻도록 한다는 것이다.

도농 교류 프로그램의 해설은 어떤 사물의 일부를 보여주는 작업이 아니라 전체적인 모습을 이해할 수 있도록 강구되어야 하며, 또한 피전달자의 일부를 대상으로 삼는 것이 아니라 상대방 전체와 함께 교감이 이루어져야 한다. 12세 정도까지의 초등학생들을 대상으로 하는 도농 교류 프로그램의 해설 활동에서는 일반인(성인)을 대상으로 하는 해설 프로그램의 축소판인 어린이용이 되어서는 안 되며, 근본적으로 다른 별도의 학습효과를 가져오고 흥미를 유발할 수 있는 프로그램을 운영할 필요가 있다.
(조록환, 도농 교류 체험 프로그램 해설 기법, 농촌자원개발연구소, 2008)

도농 교류 프로그램의 해설에서 짚어야 할 핵심은 ① 농촌 지역에서의 활동 계획과 내용 ② 내방객의 욕구 조사 분석(주력상품, 부수상품, 유형·무형 상품개발) ③ 지역자원 활용(체제시간 연장, 독창성, 유인요소 개발, 부가가치 증대) ④ (감동적) 밀착경영 실시, 모방 경영은 실패 등이다.

수입 발생 시설(식당, 매점, 숙박)을 먼저 도입하며, 보고(관광농원, 관광목장, 농업공원 등), 배우고(Bio-Top, 문화재, 자연교육관, 임간학교, 농업공원 등), 놀고(자연림, 체험농원, 관광목장, 잔디관광 등), 먹고(향토요리 전문식당, 회 센터, 바베큐. 수확 체험 및 조리 등), 휴식하고(잔디운동, 휴양림, 오토 캠프장 등), 숙박하고(황토방 민숙, 전통한옥, 캠프장. 오토 캠프장 자연 숙박, 체험 숙박 등), 사가고(직거래 장터, 농민시장, 매점, 공예품 판매소 등), 교류하고(축제행사 장소, 도농 교류센터, 장기체류 시설, 빈집 정리 등) 체류할 수 있도록 한다.

농촌관광 투자전략

① 투자 규모는 5억~50억 필요
② 투자 방법(시설, 규모, 금액, 방법, 우선순위를 정해서)
③ 소득 발생 시설(식당, 민박, 비닐하우스 등)과 조경 편의시설(진입로, 주차장, 화장실, 수영장 등) 고려
④ 초기 투자 절감하고 단계별 투자(1차~2차)도 고려
⑤ 자기자본 비율 : 정책자금 유치(융자 및 보조)

⑥ 재롱잔치 기법도입

관광도입 시설의 농업적 요소

① 농업적 레크리에이션 시설은 유인요소(농업표본농장, 소(小)동물원, 미니 수족관 등)
② 농업적 입지가 양호한 곳은 농업 요소 70% : 관광 요소 30%로, 농업적 입지가 보통인 곳은 농업 요소 50% : 관광 요소 50%로, 농업적 입지가 불량한 곳은 농업 요소 30% : 관광 요소 70% 비율로
③ 농촌관광은 환경농업의 종합예술이다.

농촌관광을 통한 수입원

① 수입원은 음식 판매 30%, 숙박 판매 30%, 기념품 판매 30%, 기타 10%
② 소득 증대 방법은
- 숙박이나 기념품 판매 비율 증대
- 체험 프로그램 운영
- 향토음식 개발(기능성, 보양)
- 유기농산물 생산 판매
- 유휴 농지의 활용(절화, 야생 유실수)
- Green member 확보

③ 입지 조건과 맞고 자신 있는 것으로 시작

운영주체

① 지역주민주도형(개발이익의 개인 분배, 아이디어 부족, 파트너십 확보)
② 행정주도형(예산 확보, 허가 절차 간소, 책임감 부족, 농업적 MA 필요)
③ 기업주도형(의사결정 용이, 아이디어 풍부, 부동산 확보, 자금부족, 독점 개발방식)

농촌관광의 추진 절차

① 지역현황 분석(재조사, 재평가, 재활용)
② 지역 과제의 도출
③ 지역 장래성과 이념의 명확화
④ 지역 달성목표의 설정
⑤ 목표 달성을 위한 시나리오

사업화 전략

① 경제적 파급 효과(네트워크화)
② 사업수지계획(수익성 분석, 자금조달 계획)
(류선무, 농촌관광 사업계획 방법, 경북대학교 관광과, 2008)

제6장 도농 교류의 사회적 가치 실현

도농 교류의 가치

　도농 교류는 도시와 농촌의 긍정적 가치의 만남이다. 교류(交流)라는 말은 한자어로서 풀어보면 사귈 교(交), 흐를 류(流)로 되어 있다. '사귀어서 흐른다.'는 의미는 '도시와 농촌이 사귀어서 긍정적인 시대적 흐름을 만든다.'로 풀이할 수 있겠다. 교류의 긍정적 결과로서 상생(相生)과 윈-윈(WIN-WIN)이라는 말을 자주 사용하기도 한다.
　'도농 교류'와 '도농 상생'을 이야기하면서도 현상은 농촌이 상품이 되어야 하고 도시 소비자에게 팔아야 한다는 각론이 거의 대부분이다. 예를 들어 소비자가 구매를 위해 대형마트를 방문해서 상품을 사는 행위를 '마트와 소비자의 교류'라고 이야기하지는 않는다. 그것은 판매와 소비가 만나는 하나의 거래 행위다.
　농촌과 관련된 여러 사업들이 '농촌이 어렵다.'라는 전제에서 출발하고 있다. 이와 같은 전제에서는 농촌과 도시의 긍정적인 가치와 동등한 입장에서의 균형적인 교류가 아니라 도시의 도움으로 농촌이 회생될 수 있다는 다소 일방적인 방법으로 '도농 교류'의 본질이 왜곡될 우려가 있다. 반대로 도시는 환경, 생활, 교육, 공동체 등 모든 부분에서 위협을 받고 있다. 잣대를 무엇으로 사용하느냐에 따라 문제점이 너무나 다르게 나타난다.
　정책과 방법을 진행하는 기관에서 도농 교류의 본질적 의미와 여러 방법들에 대한 고민과 지침이 약하다 보니 해당 마을에서는 결연을 통해 일방적 지원과 마을에서 생산되는 농산물을 쉽게 팔 수 있을 것이라는 기대를 하게 된다.

'오는 것이 있으면 가는 것이 있다.'는 속담처럼 과거의 농촌은 서로서로 주고받는 인지상정(人之常情)의 도리가 있었다. '도농 교류'라는 명분아래 한쪽이 일방적으로 지원하는 습성을 농촌에 심는다면 '도농 교류'가 농촌의 전통적 가치를 훼손하는 하나의 원인이 될 수도 있을 것이다.

많은 사람들이 '농촌의 가치'에 대해 이야기하고 있다. 그러나 농촌의 가치를 몸소 경험하고 느낀 전문가가 적어 그것이 생명력을 발휘하지 못하고 있다. 어떤 이들은 "농촌의 인정(人情)을 주자."고 말한다. 맞는 말이다. 그러나 그것은 우리가 어떤 위험과 직면했을 때 자신도 모르게 '엄마야!'라는 말이 나온다. 나라는 생명의 시작으로서의 엄마와 삶의 근원지로서의 농촌 사이에는 무엇인가 공통분모가 있는 것 같다.

도시(꽃)라는 아이가 위험에 직면해 농촌(뿌리)이라는 엄마를 찾고 있다면 어떨까?

환경오염, 폐쇄적인 생활공간, 생활 안전의 위협, 인간성 피폐, 출세 지향적 교육환경, 음란, 도덕성 상실 등 이루 말할 수 없는 위험에 도시는 노출되어 있다. 그런데 나는 '자신을 책임지지 않는 의식구조'에 가장 심각한 위기를 느끼고 있다.

도시는 교육마저도 '서비스'로 통합해 가고 있다. 어릴 때부터 자신이 해야 할 일을 대신해 주는 시스템 속에 살다보니 점점 바보가 되어간다. 따라서 '외부 의존증'이라는 증세가 심해져가고 있다. 특히 아토피성 피부염은 어린이 때부터 흙과 접촉하는 것으로 예방할 수 있다.

요사이 TV에서는 시대적 유행처럼 경쟁적으로 농촌관광과 체험을 다루고 있다. 분명 농촌에 도움이 되는 일임을 부정할 수는 없다. 그러나 내용이 '즐거운 체험'과 '맛있는 먹거리'로 편중되다 보니 도시민에게 전달되는 농촌의 이미지가 와전(訛傳)되기도 한다. 농촌이 도시민의 여가와 휴식에 대한 수요를 충족할 수 있는 공간으로만 인식되면 농촌은 도시의 위락시설과 주변 이상의 의미와 가치를 상실하게 된다.

농촌은 노동과 생활과 문화가 어우러지는 통합적인 공동체 .식료, 에너지, 문화를 생산하고 소비하는 완결구조 사람과 자연과 소통적 삶을 살았던 유기적 관계 .양식이 거름이 되고 거름이 양식이 되는 친환경적인 순환적 시스템 등과 같은 농촌의 가치를 공론화하고 도시민과의 교류의 기회를 통해 어떻게 풀어낼 것인가 하는 과제가 던져진다.

농촌은 자원의 보고(寶庫)다. 수많은 생명들이 살아 숨 쉬고 있다. 별, 나무, 동물, 새, 들꽃, 곤충, 물고기 등의 자연자원, 씨앗을 뿌리고 가꾸면 열매가 맺어지는 농업자원, 자연자원을 활용한 생활문화자원, 골목에서 흙과 돌과 나뭇가지를 이용해 놀았던 놀이자원 등이 있다. 그래서 농촌을 '지붕 없는 박물관'이라고도 한다. 가까운 일본에서는 지역사회의 협의를 통해 농촌체험학습을 전담하는 세컨드 스쿨(second school)을 운영하여 농촌의 자원을 교육적으로 풀어내는 사례도 있다.

이러한 제2의 교육기관 형태의 운영을 통해 단순히 자원에 대한 해설뿐만 아니라 농촌의 가치를 체험을 통해 전달하고 이러한 경험을 통해 긍정적인 삶의 태도를 유도한다면 도농 교류의 한 방법으로 구체화시켜 나가야겠다. 도시에는 지식과 정보가 축적되어 있고 농촌은 경험과 현장을 가지고 있다. 다르게 이야기하면 농촌은 지식과 정보가 부족하고 도시는 경험과 현장이 부족하다는 말이 될 수 있다.

도농 교류, 지역개발, 농촌관광, 농촌체험 등 농촌을 기반으로 하는 여러 사업의 진행 속에서 전문가 그룹과 파트너십을 유지하고 있다. 한 가지 아쉬운 점은 전문가 그룹이 농촌이 가지고 있는 경험과 현장에 대한 자원을 연구하고 구체화시키는 작업보다 자신의 전문성을 도농 교류 프로그램을 통해 접목시키는 것이 필요하다.

농촌이 필요한 것은 도시적 가치의 학습이 아니라 자신의 주변에 있는 자원에 대한 재인식이다. 농촌의 가치와 자원을 이해하지 않은 상태에서의 접목은 오히려 전문가 그룹이 첫 단추를 잘못 꿰는 원인 제공자가 될 수 있다. 따라서 농촌자원과 가치를 이론적으로 정리하여 농촌에 돌려주는 작업들을 기대해 본다.

지속성을 유지하기 위해서는 일방적이 되어서는 안 될 것이고 서로의 요구를 채워주는 도농 교류도 필요하겠지만 서로의 부족함을 채워주는 교류 또한 필요할 것이다. 시대의 순기능적 흐름을 만들어가는 방법으로서의 '도농 교류'를 중심에 둔다면 이 일이 보다 건강한 열매를 맺을 것 같다.

[송종대(의성교촌마을 농촌체험학교 사무국장), 도농 교류에 대한 생각, 도농 교류 활성화 토론회, 농림부. 2006, 9, 28]

농촌자원의 공공재 가치실현

　생태관광 자원이란 관광의 주체인 관광객으로 하여금 관광 동기나 관광 의욕을 일으키게 하는 목적물인 관광 대상을 가리키는 말이다. 이제까지는 관광 대상이 될 수 없었던 자원도 대중관광의 보급과 함께 새로운 매력을 가진 관광자원으로 각광을 받기도 하고, 반면 관광 매력을 상실해가는 자원도 있다. 유형물이든 무형물이든, 인공물이든 자연물이든 그것이 관광객을 유인할 수 있고 관광수입을 올릴 수 있는 경제성을 띤다면 관광자원으로 볼 수 있다.

　관광자원 중 특히 자연적 자원이나 문화적 자원은 자연적 파괴나 인위적 파손을 입기 쉬운 것이 많다. 그러므로 관광자원에 대한 세심한 배려와 보호가 필요하며 관광자원은 현대인들의 것만이 아니고 우리의 선조와 후손까지 공동의 자산임을 명심하여야 한다.

　본래 관광자원에는 있는 그대로의 관광자원, 즉 인공으로 손을 대지 않고서도 자연 그대로 관광자원으로서의 가치를 지닌 관광자원과 인공적인 수단을 투입하여 다듬고 만들어낸 관광자원이 있으나, 일반적으로 이야기할 때 관광자원은 개발이라는 인공수단을 가함으로써 비로소 관광의 대상이 된다.

　한편 관광자원은 자연 관광자원과 인문 관광자원으로 대별할 수 있으며, 자연 관광자원에는 산악, 구릉, 해양, 도서, 하천, 호소(湖沼), 산림, 수목, 화초, 동물, 온천 등이 포함되며 인문 관광자원에는 문화적·사회적 자원으로서 건조물, 사적, 예술품, 민속·문화적 시설, 관광시설, 유·무형 문화재 등이 포함된다.

그러나 오늘날에는 자국의 산업 수준을 외국인 관광객에게 인식시켜 타국과의 경제·무역 및 기술교류에 직·간접으로 기여시키고자 하는 데서 비롯된 산업관광(industrial tourism)이 발달함에 따라 공장과 산업시설들이 산업관광자원으로 등장하고 있다(한국의 경우 포항, 울산 등).

이밖에도 현대사회의 급격한 발전과 각종 공해의 만연, 사회 관광의 보급으로 대규모 관광 레크리에이션 수요의 급증에 대비한 레크리에이션 자원 등이 있다.

우리나라의 농촌지역은 1960년대 이후 도시화·공업화로 인하여 노동력의 유출과 노령화를 경험하였으며, 1990년대 들어와 농산물의 가격 불안정, 농수산물 시장의 국제 개방 등으로 많은 어려움을 겪고 있다. 그러나 산업화 시대에 외면당했던 농촌은 오늘날 여가시대를 맞아 새롭게 그 가치를 인정받고 있으며, 환경, 생명, 다양성을 중시하는 사회적 가치변화로 농촌에 대한 사회적 요구도 크게 변하고 있다. 농업생산에 있어서 다품목 소량생산 체제나 친환경적인 영농으로 농산물에 대한 안전성 보장이 요구되고 있으며, 농촌의 자연 생태계를 보전하는 개발이 지방자치단체 단위로 이루어지고 있는 실정이다.

주말을 이용한 여가활동이 늘어나고, 청소년들은 체험학습과 현장경험으로 이해의 폭을 넓히기 위한 활동을 다양하게 전개하고 있다. 이러한 가치변화와 요구에 부응하여 현재 농촌 지역의 아름다운 경관, 문화자원을 활용한 관광 사업은 새로운 가능성을 제시하고 있으며, 도시민들은 교육 및 소득수준이 향상되고 여가시간이 증가하면서 기존의 관광지에서 벗어나 농촌지역에서 휴가를 즐기는 데 관심을 보이고 있다.

최근 들어 농촌의 문화, 자연경관과 환경, 조용함과 따뜻함을 상품화한 새로운 농촌관광 전략인 그린 투어리즘에 대한 기대가 높아지고 있다. 농촌관광은 농가에서 숙박시설을 제공하면서 특산물과 음식 등의 상품을 판매하고 여기에 이벤트, 체험 프로그램을 덧붙여 관광 상품으로서 부가가치를 높이자는 전략과 함께, 결국 농촌관광은 도시와 농촌 모두에게 이익이 되는 윈-윈(Win-Win)전략이라 할 수 있으며, 농촌은 도시민에게 휴식, 휴양과 색다른 체험을 할 수 있는 공간을 제공해 주고 도시민은 민박, 농산물 구입 등을 통해 농가소득 증대에 기여하여 침체되어 있는 농촌경제를 활성화시킬 수 있다.

여가시간의 확대를 계기로 농업과 관광을 접목하여 새로운 부가가치를 창출한다면 농촌지역 활성화의 원동력이 될 수 있으며, 여가시간 증대로 라이프 스타일(Life Style)의 변화가 예상되는 시점에서 농촌에 대한 사회적 변화 요구를 수용하면서 새로운 발전의 가능성을 갖고 있다. 여가시간의 증대와 라이프 스타일의 변화가 예상되는 시점에서 농촌경제의 향상과 농촌지역을 활성화시키기 위한 대안으로 농촌관광의 활성화 방안은 지속적으로 연구되어야 한다.

생태관광의 매력과 자원의 재활용

열악한 생활환경의 농어촌 주민들이 삶의 질 향상과 농어촌 활성화를 위하여 농어촌 관광 사업을 체계적으로 계획하여 주민 소득증대를 목적으로 농촌관광 자원을 활용하고 있다. 농촌관광은 궁극적으로 지역주민의 삶의 질 증진과 소득증대가 목적이라고 하겠다.

낙후된 주거환경 개선과 공동시설의 확충 등을 통한 지역민의 만족도를 올리고, 정주체계의 안정 도모로 공동화 현상을 방지하며, 주민의 자발적 참여 방안을 모색하면서 지속적으로 마을 발전에 기여할 수 있는 제도를 마련하고, 쾌적하고 아름다운 환경을 보전하여 진정한 농촌마을로 발전하는 데 중점을 두고 있다.

주민 주체의 사업을 시행함으로써 주민들에게 할 수 있다는 자부심을 고취시키고, 지역의 활성화를 도모함은 물론, 지역을 상징하는 브랜드 구축을 통한 이미지 사업전개로 다른 농촌과는 다른 유인 효과를 거둘 수 있다. 이렇게 되려면 지역주민의 삶의 질이 향상되고 소득이 보장되어야 한다.

도시민들의 농촌에 대한 기대는 풍요로운 자연과 전통이 그대로 남아 있는 농촌에서 조용함을 맛보거나 휴식을 취하면서 일상생활에서의 스트레스를 날려 보내고 청정한 환경의 농어업과 생태환경을 경험하면서 제2의 고향이라는 느낌 속에 도시와 농어촌 간의 관계를 더욱 발전시키는 계기가 될 것이다.

따라서 청정한 농촌 환경을 유지하는 것이 필수적이다. 농촌다움이 훼손된다면 농어촌마을 가꾸기 사업은 성공할 수 없으며, 농어촌다운 전원풍경의 보전과 농어촌의 독특한 문화의 존재 여부가 성공의 열쇠이다. 마을 전통을 복원하고, 청정한 환경을 지속적으로 유지함으로써 청정 농촌의 가치를 증진시킬 때 지역에 산재한 고유자원을 브랜드화하고 지역 이미지를 향상시키는 소프트한 상품가치를 이용하여 지역발전에 이바지하는 자산을 확충해야 한다.

농산물의 청정화가 우선되어야 하고 친환경농법을 이용한 농어촌 상품의 특화로 농산물의 고품질화와 더불어 관광자원과 연계한 산지에서 직접 제조하여 팔 수 있는 가공농산물의 개발과 함께 농어촌 상품을 음식 레시피로 활용한 음식물 판매를 가능하게 하여 1·2·3차 산업을 동시에 펼치는 6차 산업화로 다른 지역과의 경쟁에서 우위에 설 수 있도록 주력해야 한다.

지역과 도시가 자매결연을 하거나 대기업과 연계하여 1촌1사 운동을 전개하는 휴먼네트워크전략을 펼치고 특히 지역의 아름다운 장소를 미디어 매체에 촬영지로 활용할 수 있도록 제공하는 방안을 마련하여 지역 이미지 구축에 노력을 기울이면서 지역 자연환경 보호와 쾌적한 주거공간의 조성으로 지역주민과 도시민의 편안한 휴식처가 되도록 친환경적 지역 환경 개선을 추진해야 한다.

마을 자치기구의 활성화와 지역주민 교육 및 선진 농촌마을 견학을 통해 차별화된 아이디어를 발굴하고, 지역 간에 협력하는 마을공동체문화를 구축하고 경쟁력 강화를 위한 농업과 관광을 접목한 상품을 개발하여 선도적 농촌문화를 정착시키고 발전시켜 나가야 한다.

청정자연과 예술이 공존하는 생태마을로 차별성을 부각시키고. 주민주도의 운영방식으로 풍요로운 농어촌 관광마을을 가꾸어 자립성을 강조하며 마을 전통의 발자취를 복원하는 문화마을로 전통성을 고수하여, 주민이 주체가 되고 지속가능한 농어촌 마을을 지향하는 발전방향을 유도해야 한다.

  소비자들은 전원 풍경이 뛰어나고 거주지에서 가까운 거리에 있으며, 개량된 숙박시설을 갖춘 강변마을을 가장 이상적인 농촌관광 장소로 꼽는다. 농촌생활의 체험보다는 전원 감상, 먼 곳보다는 가까운 곳, 불편한 재래식 숙박시설보다는 개량된 숙박시설, 그리고 평지나 산속보다는 강변을 선호하고 성별, 연령대별, 주된 성장 지역별, 가족구성 형태별, 소득수준별, 학력별로 조금씩 차이가 있는 것으로 알려져 있다.

  농업과 농촌에 대한 중앙정부의 위기의식이 고조되고, 점차 여가시간이 확보됨에 따라 각 부처에서 경쟁적으로 농촌관광 사업을 전개하고 있다. 이러한 과정에서 농림부를 비롯한 여러 부처에서 나름대로 농촌지역의 발전을 위하여 소매를 걷어붙이고 있다.

생태관광활동 공간 확대

첫째, 농촌·산촌·어촌 지역에서 발생하는 관광활동이라는 점이 특징이다. 풍부한 자연 속에서 이루어지는 관광으로서, 대개 전형적인 농촌·산촌·어촌이 중심이 된다. 현재까지 농촌지역 관광개발은 도시민을 유치하기 위한 숙박 및 위락시설 중심의 도시적·인공적 시설의 설치에 주력하고 농촌이 지니는 자연스러운 장소의 가치를 주목하는 데는 소홀하였다.

둘째, 지역의 잠재 자원을 바탕으로 하는 관광활동이라는 점이 특징이다. 농촌관광은 농촌·산촌·어촌이 중심 무대이기 때문에 주된 관광자원 역시 인공적 시설보다는 아름다운 경관과 깨끗한 환경, 고유한 역사와 문화 등에 토대를 두어야 한다.

특히 농촌의 주산업인 농업을 체험하는 활동이나 농산물 등이 중심을 이루는 경우가 많다. 따라서 그간의 농촌지역 관광개발이 시설 투자에 치중했다면 이제부터는 내용 투자가 병행되어야 한다.

셋째, 지역의 환경, 생태, 경관의 유지·보전을 강조하는 농촌관광은 농촌지역의 자원을 바탕으로 하는데, 그 자원은 농촌 지역의 환경, 생태, 경관, 역사, 문화, 산업 등이다. 이러한 자원의 보전과 유지가 필수적이라는 특징을 가진다. 따라서 농촌관광을 발전시키기 위해서는 마을이나 지역을 가꾸는 노력이 필요하다.

넷째, 소규모 개발 방식을 지향하는 농촌관광은 외지자본에 의한 대규모 개발 사업을 가급적 지양하는 것을 특징으로 한다. 외지자본에 의존하

는 대규모 개발 방식은 농촌의 자원만을 일방적으로 내주고 개발이 되기 쉽고 개발로 인한 이익마저 외지로 유출되는 부작용이 생겨 농촌 지역의 지속성과 관광의 지속성을 훼손한다.

다섯째, 도시민이 지역을 방문하여 그곳에 살고 있는 주민들과 교류하며 지역의 생활문화를 체험하는 것이 농촌관광의 특징이다. 현재까지 농촌·산촌·어촌 지역 관광 개발에서는 숙박시설 제공이나 음식 판매에 치중하였으나, 농촌관광은 그곳에 살고 있는 사람들과 교류하면서 그 곳의 생활과 산업, 역사와 문화, 자연과 경관 등을 폭넓게 향유하는 관광 형태다.

여섯째, 지역의 활성화에 기여하는 관광 활동이 특징이다. 농촌관광으로 발생하는 개발 이익은 바로 농촌관광에 참여한 농가와 해당 지역의 활성화에 쓰여야 한다. 농촌 지역이 활성화되기 위해서는 농업소득의 감소분을 대체할 수 있는 새로운 소득원 개발이 필요하다.

일곱째, 농촌·산촌·어촌 관광은 양면성을 가진다. 관광은 지역 주민의 소득증대로 이어져 생활수준을 향상시키지만, 당연히 관광 개발에 따른 사회·문화적 비용도 발생한다.

(농촌관광의 특징, 국립농업과학원 농촌환경자원과, 2010)

전국적으로 크고 작은 농촌관광 마을이 380여 개 지정되어 이제는 양적인 성장이나 기반이 어느 정도 구축되었으며, 최근 지방자치단체에서는 우선적으로 농촌경제 살리기의 일환으로 농촌의 생생한 자원을 활용하여 지역의 독특한 테마형 관광마을을 적극 육성하고 있다.

여기에 지역주민들도 그동안 FTA와 농산물 수입개방 등을 겪는 과정에서 농업소득만으로는 안 된다는 분위기가 확산되고 있으며, 특히 농촌관광과 관련된 다양하고 풍부한 연구 자료들을 적절히 활용하고 접목시켜 지역의 명품다운 농촌관광을 육성하고 발전시켜 나가야 한다.

식물공장 체험

농작물에 대하여 통제된 일정한 시설 내에서 빛, 온·습도, 이산화탄소 농도 및 배양액 등의 환경 조건을 인공적으로 제어하여 계절이나 장소에 관계없이 자동으로 연속 생산하는 시스템을 식물공장이라고 한다. 한 마디로 온도와 습도를 제어하고 인공 광원으로 농작물을 재배하는 시설농업으로서, 날씨나 계절에 관계없이 농작물을 연중 안정적으로 생산할 수 있다. 우리나라가 발광다이오드(LED) 기술의 선진국으로서 이를 상용화한 전자제품들이 세계시장을 석권하면서 LED 기술을 활용한 식물공장도 세간의 관심을 끌고 있다.

일찍이 시설농업의 선진국으로 자리 잡은 네덜란드에서는 고도의 재배기술이 요구되는 분화식물공장을 운영하고 있으며, 미국 뉴욕과 캐나다 토론토에서는 '마천루농장'이라는 수직농장(vertical farm)의 건립을 계획하고 있다.

1970년대부터 식물공장 연구를 추진해온 일본에서는 상업화가 많이 진전되어 정부가 식물공장의 활성화를 위해 건설비를 지원하고 있다.

식물공장은 농작물의 생육 상태를 과학적으로 관리하여 비료나 농약을 적게 투입하는 정밀농업(precision agriculture)의 성격을 가지므로, 일반 농산물에 비해 안전성을 확보할 수 있다.

또한 노지에서의 재배가 어려운 기능성 농작물을 재배함으로써 고부가가치 농업을 실현할 수 있고, 식량작물의 연중 재배를 통해 생산성을 비약적으로 높임으로써 식량기지로 활용할 수 있다는 점에서 식물공장 방식은 미래 농업의 대안이 될 수 있을 것이다.

나아가 식물공장은 농업기술에 기계, 전기, 전자, 제어, 환경 등의 첨단산업기술을 접목하는 하이테크 농업 형태다. 따라서 한국형 식물공장의 모델 개발이 긴요하며, 식물공장의 발전을 통해 우리나라 농업이 선진국형의 산업으로 도약하기 위한 기술적인 초석을 다지는 의미도 클 것이다.

(김정호, 식물공장의 동향과 전망, 농촌경제연구소, 2009)

농림수산식품부가 금년부터 식물공장을 시범적으로 지원하기로 결정하였다. 식물공장은 기후와 지역에 관계없이 통제된 시설에서 연중 농작물을 생산할 수 있는 IT·NT·BT 등 최첨단 기술이 융·복합된 자동생산시스템으로서, 농업의 외연 확대와 미래 지향의 농업으로 주목받고 있다. 국내의 식물공장은 아직 산업화 초기 단계에 있기 때문에 시장 확대를 위해서는 정책적으로 뒷받침해야 할 사항이 많다. 식물공장 육성을 위한 산·학·관·연 전문가 조사에 의하면 식물공장 사업의 경제성 확보, 생산된 농산물에 대한 소비자 인식 전환, 비용절감 기술 및 재배기술 개발, 관련 제도 정비 등이 우선 해결되어야 할 과제로 조사되었다.

식물공장의 경제성을 진단하기 위해 운영 중인 업체의 경영성과를 토대로 정책 시나리오를 분석한 결과, 식물공장 600㎡을 경영하는 A업체는 1년 동안 2억 2,748만 원의 소득 발생을 전제로, 이를 토대로 경영성과 시나리오를 분석해보면, 정부의 시설 설치비 지원에 의해 경영 수익이 2억 8,748만 원으로 증가하고, 시나리오Ⅱ는 시설 지원에 R&D 지원을 더한 경우로서 수익이 2억 9,648만 원으로 증가하였다. 시나리오Ⅲ은 여기에 고정출하처가 확보된다는 가정 하에 수익이 4억 5,038만 원이 되어 현재보다 2배 이상 수익이 증가하는 것으로 분석된다.

식물공장 농산물에 대한 소비자 인식을 조사한 결과, 식물공장에 대한 인지도는 36%이며, 이 중 구매 경험이 있는 경우는 47.2%에 불과하며, 소비자들은 식물공장에서 생산된 농산물이 일반 농산물에 비해 품질과 안전성에 메리트가 있다고 평가하고 있다. 그러나 식물공장에서 생산되었기 때문에 저비용과 고생산성이라는 인식을 가지고 있으며, 따라서 더 저렴한 가격으로 공급할 수 있다고 생각한다.

　따라서 우리나라 식물공장 보급 확대를 위해서는 정책적으로 초기 설치비 지원과 아울러 전문 시공업체 육성 그리고 관련 제도 마련이 필요하다. 특히 신산업으로서 R&D가 (고병갑, 농촌관광의 실태 및 활성화 방안에 대한 연구, 공주대학교, 2007)중요한데, 식물공장에서 가장 비용이 많이 드는 조명의 기술개발을 포함하여 재배기술+환경제어기술+설비·자동화기술의 공동연구가 필요하다. 식물공장을 운영하는 농가와 법인은 소득 증대를 위한 고소득 작물 선정, 출하 시기 조절 및 거래처 개발 등에 더욱 노력이 요구된다.

(김연중·한혜성, 식물공장의 전망과 정책 과제, 한국농촌경제연구원, 2013)

참고자료

고병갑, 농촌관광의 실태 및 활성화 방안에 대한 연구, 공주대학교, 2007
이제영·홍창의, 녹색관광홍보론, 시간의 물레, 2012
삼성경제연구원, 의료전쟁, 성장동력 헬스케어시장의 미래, 올림, 2009
윤강로, 총성 없는 전쟁, 스포츠파트너, 2006
손기호, 농촌관광을 통한 지역경제 활성화 방안, 2016, 경북대하교 석사학위 논문, 2007
황금시간, 내 생애 최고의 제주여행, 황금시간, 2011
김종, 스포츠 비즈니스 3.0, 일리, 2012
임지혜·김진양, 제주 느리게 걷기, 페이퍼북, 2011
이제영·홍창의, 녹색관광홍보론, 시간의 물레, 2012
고선영·김형호, 제주 여행의 달인, 리더스하우스, 2012
김우선·오희삼·이종진, 터치아트, 제주 여행사전, 2011
장양례, 녹색관광자원 선호도에 따른 관광체험 만족도 및 녹색관광 상품개발 지지도 연구, 경희대학교 박사학위연구, 2010
대안스님, 식탁 위의 밥상
농업발전연구소, 농촌관광활성화 방법론, 2008
박정환, 제주 문화체험형 관광 활성화 방안, 제주지역농업발전연구소, 2008

박재순, 도농 균형발전 위해 농촌지역 개발 활성화해야, 경향신문, 2013. 3. 11
정재서, 신화적 상상력과 문화, 이화여자대학교출판부, 2008
양세훈, 마을기업과 사회적기업의 거버넌스, 이담북스, 2012
장양례·윤유식·구본기, 어촌 관광객의 선호 속성, 어촌체험관광 만족도 및 체험관광 상품개발 추천 의도에 관한 실증적 연구, 관광경영학회, 2011
최열·김현·우즈남·엠-카일·허창호, 건강하고 지속가능한 자연자원을 위한 환경 적응관리 시스템 적용, 대한국토·도시계획학회, 2011
최목화, 지역문화 특성을 반영한 지속가능한 농어촌지역사회 생활환경 모형개발 기초연구, 한남대학교 박사학위연구, 2010)
김효경, 산업관광이 지역 브랜드 자산 변화에 미치는 영향, 경기대학 박사학위논문, 2009
김현선·주정희·윤혜진·김나라·김미숙, 자연환경을 고려한 농어촌마을 환경색채 계획, 한국색채학회, 2012
조록환, 도농 교류 체험 프로그램 해설 기법, 농촌자원개발연구소, 2008
류선무, 농촌관광 사업계획 방법, 경북대학교 관광과, 2008
송종대(의성교촌마을 농촌체험학교 사무국장), 도농 교류에 대한 생각, 교류 활성화 토론회, 농림부. 2006, 9, 28
국립농업과학원 농촌 환경자원과, 농촌관광의 특징, 2010
김정호, 식물공장의 동향과 전망, 농촌경제연구소, 2009
김연중·한혜성, 식물공장의 전망과 정책 과제, 한국농촌경제연구원, 2013

책을 집필하고, 만들고, 읽는 사람들이 함께 모여 협동조합을 만들었습니다. 부지런히 한마음 한 뜻이 되기 위해 노력하면서 새로운 책 문화를 만들어 나갈 수 있도록 해보겠습니다. 한 번 조합원으로 가입하시면 가입 이후 modoobooks(모두북스)에서 출간하는 모든 책을 평생 동안 무료로 받아 볼 수 있습니다.

＊**조합가입비** (1구좌)500,000원
＊**조 합 계 좌** 농협 355-0048-0048-9797-13 모두출판협동조합
＊**조합연락처** 전화 02)2237-3316 팩스 02)2237-3389
　　　　　　이메일 ssbooks@chol.com

조합원

강석주 강성진 강제원 고수향 권 유 김욱환 김원배 김정응 김철주 김헌식 김효태 도경재 박성득 박상명 박정래 박정환 박주현 박지홍 박진호 박평렬 서용기 성낙준 성효은 송태효 심인보 양영심 오대환 오신환 오원선 옥치도 원진연 유별님 유영래 이재욱 이정윤 임민수 임병선 전경무 정병길 정은상 조기훈 채성숙 채한일 최중태 허정균 현기대 홍성기 황우상